時光客運

楊浩民——著

一趟
懷舊與知性的
公車之旅

前言

　　筆者不是公車迷或鐵道迷，但從小就喜歡火車和公車。記得小時候拿到一本聯營管理中心印贈的「台北市聯營公車行駛路線手冊」，如獲至寶，經常翻閱，研究得津津有味，只可惜這本手冊只有聯營公車路線而沒有其他公路客運。平常上街時也總是喜歡留意各種不同的公車路線、站名、票價等。自從《臺灣鐵道火車淺說》一書完成之後，總覺得也想把長期研究公車客運的一點心得和大家分享，這是最原始的寫作動機。

　　可是喜歡公車的人卻相當少見。和火車有關的歌曲還不少，卻沒聽過哪首歌是唱公車的。喜歡鐵道的人本來就不多，公車愛好者又比鐵道愛好者更少。鐵道迷就是火車迷，公路迷卻未必等於公車迷，因為研究公路者可能是自己開車而非搭車，喜歡公車者也不見得知道某線公車走的是幾號縣道。如果去圖書館，多少可以找到幾本鐵道專書，但是卻找不到公車的書籍（路線手冊不算）。頂多只有林栭顯先生著、臺灣省文獻委員會出版的《臺灣汽車客運公司之營運沿革》或錢大群先生著的《台灣公路巴士之沿革》、《台灣巴士》。這三本書確實相當難得，可惜都是專門介紹台汽公司或台北市公車處，其他客運業者頂多只有一張照片而已。而且錢大群先生的著作偏重於機械構造、車型、引擎、馬力等，對於一般不了解車輛結構的讀者（尤其是少年讀者）太過艱深，頂多只能把它當作寫真集來看，而照片又有同一車型的照片過多（例如大宇造的公車）、畫面模糊、主體過小、車身側面不夠清楚、都是只有車頭而沒有車尾的照片等。至於一本有系統地介紹台灣各地客運業者、或是寫給公車愛好者們看的入門專書，則是從來沒看過。

事實上，公車也是國家文化財的一部分，只是不受人重視。汽車的折舊率很高，跑了幾年就會被淘汰，不像台鐵有許多二、三十年歷史的車廂。這更顯得留下照片檔案紀錄的重要性。公共汽車伴隨無數人成長，筆者自己也很懷念民國七十年代台北各業者的普通公車，可惜小時候不懂攝影，沒能留下照片，等到長大後，那些車輛再也看不到了。往者已矣來者可追，希望能有更多愛好者一起加入研究公車的行列。「行」是民生四大需求之一，而公車是最普及的大眾運輸工具，因此公車演進史就是台灣庶民生活史的一部分，各地的老站牌就是當地交通史的最佳見證。研究公車，進而了解沿途經過地方的發展變遷史，是相當有趣的一件事。

常看到有人視搭公車為畏途，原因不外不知如何搭乘、覺得要等車不如自己有車方便等。其實，搭公車沒有一般人想像中的麻煩，除非是偏遠地區，不然其實有很多鄉鎮的客運車班次都是很多的，不只台北地區，外縣市的鄉鎮也是如此。現在各主要客運公司都有網站，可以查得路線、班次等資訊，加上智慧手機的普及，在鄉間搭客運也不是難事。近年來各客運業者服務品質皆已大幅提升，即使是中南部地區業者，站牌有的都已經附有路線圖和時刻表，不再只有站名幾個大字而已，時刻表還會隨時更新，以往「鄉下地方客運常有脫班，時刻表僅供參考」的情形已不復見。車站人員還會用擴音器提醒大家上車，甚至還有穿著背心的服務人員熱心提供協助，都使搭乘鄉下地方客運的難度大為降低。可是客運業者仍然不堪虧損，時常傳出停駛風波，主要就是因為受到自用車普及化的影響，很多會搭客運車的人都是持用優待票的學生或老人。許多客運車站的一樓都出租給其他商店，便利商店的招牌做得比車站招牌更大，客運業經營困難由此可見一斑。

長期以來我們的政府可以說是根本就沒在提倡公共汽車，又放任自用車數量不斷成長。同樣地狹人稠的新加坡，規定人民不是有錢就能買車，而是必須先要有價值約台幣兩百萬元左右的「擁車證」，再等到有別人退車後才能買車，而車價又奇貴，所以在新加坡，有錢人也都是搭公車捷運的。他們用這麼強烈的手段來提倡大眾運輸，而我們政府頂多只是嘴巴說說而已，

可是偏遠地區業者還是苦不堪言，照樣揚言減班、停駛。我們政府和民間還迷信「解決塞車就要開路，解決停車問題就要興建停車場」，殊不知那是事倍功半，花大錢而只能治標不能治本，還等於變相鼓勵大家開車，遠不如壓制私人汽車並推廣大眾運輸來得簡單又有效。因此，希望藉由本書來提倡大眾運輸工具，改變一般人的觀念，大家都來搭公車，盡量不要開自用車、騎機車，不但節約能源，減少對石油進口的依賴，也符合減少二氧化碳排放的環保概念。搭公車出門，可以舒服地坐在車上就到達目的地，不受日曬雨淋，不需要注意路況、車況，也不必煩惱停車問題和保養，也不會被惡劣的駕駛人罵或是拿球棒恐嚇，更不用怕車被偷，萬一出車禍也不必負責任、吃上官司，何樂而不為？

　　文章經國之大業，不朽之盛事。以上就是本書的寫作目的，希望能將這一點研究成果公諸於世，讓喜歡公車的人不必盲目摸索，本來不喜歡公車的人也喜歡上公車。筆者並非公車迷或公路迷，因此本書沒有深奧的理論，也不談引擎馬力那些機械構造。本書專門介紹歷史較久、較有地域性的客運公司，至於晚近成立的以國道客運為主的業者、除國光客運以外各公司的國道路線則不在本書介紹範圍內。

　　又，由於各公司車型繁多，本書並非車輛圖鑑，僅能選擇較具代表性的主力車種照片。現在滿街跑的車種，可能過了幾年之後就會完全從街頭消失，基於替即將消逝的事物留下影像紀錄的理念，本書照片裡的車輛有些雖然其實已經被淘汰掉了，但是仍用這些照片而不用目前的最新型車種照片（照相機的基本功能就是替消失的東西留下見證，所以老照片經常比新照片更珍貴），在此聲明。

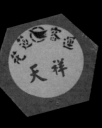

Stop 1

公路與客運的基本認識

客運車的分類與定義：
客運車就是公車嗎？

　　通常所謂的公共汽車或客運車，可以分成「公車」和「客運」兩種。不過兩者之間其實沒有明顯區別，反正都是有固定路線、停靠站和票價，可以讓大家付費搭乘的汽車嘛，何必區分得那麼清楚呢？根據公路法的定義，公路汽車運輸的營業車輛分兩種：

公路汽車客運業：在核定路線內，以公共汽車運輸旅客為營業者。
市區汽車客運業：在核定區域內，以公共汽車運輸旅客為營業者。

　　兩者差別只有「路線」和「區域」兩個詞而已。為了敘述方便，在本書中將公共汽車分成兩類，定義如下：

　　市區公車：以「××市公車」為名者，和台北的聯營公車。它們的路線通常完全都在某一都市境內，例如基隆市公車都在基隆市境內行駛。不過因為台北市和新北市是一體的共同生活圈，台北聯營公車有許多跨越兩市界線的路線。市區公車通常都是單一票價（但是台中市公車是按照里程收費），例如台北聯營公車的全票票價是15元，從哪裡坐到哪裡都是15元，不過路線長的可能分成兩段、三段來收費。

　　公路客運：不合上述條件者。絕大多數都是有個階梯形的票價表，按照里程收費，有個四位數的路線編碼。但是仍有例外，台北地區的公路客運

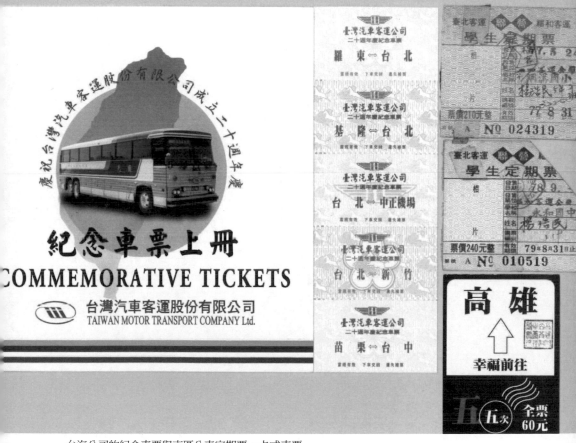

台汽公司的紀念車票與市區公車定期票、卡式車票

　　有的收費方式也和聯營公車一樣是單一票價，例如以前臺北客運的紅10路
（四位號碼1080，現稱796）的收費方式原本是里程計費，但是後來改成和
聯營公車相同，為兩段票路線。

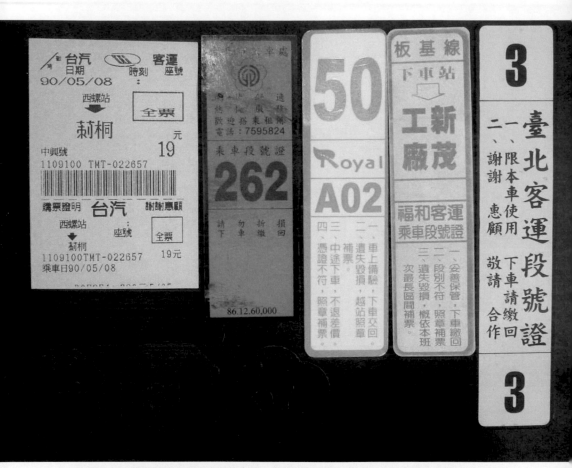

台北聯營公車的段號牌和公路客運的車票。段號牌通常是長條型，但也有圓形、梅花形，甚至還有用籌碼代替的。台北聯營公車使用段號牌的時機通常是：如果要付兩段票的車資，也就是30元，原則上是上下車各付費一次，上車投現的乘客卻只有三個十元硬幣，不能分成兩次15元投幣，可於上車時告知司機一次投兩段票三十元，司機就會給乘客段號牌，乘客下車時交回段號牌即可。

台灣公路簡介

如果要研究客運車路線，一本台灣公路地圖就是必備的工具。公路可以分成國道、省道、縣道、鄉道，各有編號，此外尚有許多沒有編號的道路。根據公路法，它們的定義如下：

公路：指供車輛通行之道路及其用地範圍內之各項設施，包括國道、省道、縣道、鄉道及專用公路。

國道：指聯絡二省（市）以上，及重要港口、機場、邊防重鎮、國際交通與重要政治、經濟中心之主要道路。

省道：指聯絡二縣（市）以上、省際交通及重要政治、經濟中心之主要道路。

縣道：指聯絡縣（市）及縣（市）與重要鄉（鎮、市）間之道路。

鄉道：指聯絡鄉（鎮、市）及鄉（鎮、市）與村、里、原住民部落間之道路。

路線編號有個原則，就是南北向的公路用單號，東西向用雙號。不過有例外，例如北部橫貫公路是七號省道。至於數字後面有甲、乙、丙……者，表示支線。這是一位民國38年隨政府從大陸播遷來台的資深公路老兵張澎先生的創作，高雄市的橫向道路從　心到｜全也是由他命名。他還曾榮獲交通界最高榮譽的「金路獎」。

國道在台灣其實都是指高速公路，它的交通標誌是一個白底黑數字的梅花形，如中山高速公路就是一號國道。

　　省道通常都是重要的交通幹線，幾號省道又常稱為台幾線，例如一號省道就叫做台1線。長度可達數百公里，可以貫穿好幾個縣，它的標誌是一個三角盾牌形，通常為藍色。其中編號60以上的省道又叫做快速道路，標誌為紅色，和高速公路一樣禁行機車（有些路段已開放重型機車行駛），通常是專供汽車行駛的高架道路，沒有紅綠燈、平交道，和其他道路都成立體交叉。和高速公路最大的差別在於：快速省道不收費，也沒有服務區。

　　省道還可分為環島、縱貫、橫貫、濱海、聯絡、快速六大系統。例如台1線和台9線構成台灣的環島公路，而台2線則是北部濱海公路，台19線縱貫彰雲嘉南四縣市，台18線為新中橫，台23線聯絡台9線的富里和台11線的東河，台64線是八里—中和快速道路。

　　縣道通常都是串聯起同一個縣境內的數個鄉鎮，標誌是一個長方形裡寫著1開頭的三位數字，目前台灣本島編號最大者為恆春的200號縣道，201

102號縣道金瓜石—牡丹段，盤旋於山頂，景色壯觀，附近有大粗坑、小粗坑、金字碑、貂山古道等數條登山步道，非常值得喜歡爬山或研究地質學、礦產者前往，可惜沒有公車行駛。

至205號縣道都在澎湖。

　　鄉道就是更短的鄉鎮內各村里的聯絡道路，標誌也是長方形寫數字，不過多半是兩位數，前面加上縣市簡稱的一個國字，例如雲51鄉道。鄉道未必是「鄉間小路country road」，它可能是大城市裡的大馬路。例如北88鄉道從土城金城路接中和連城路、中山路到永和，就是車水馬龍的大馬路。尤其中和連城路幾乎可以說是中和最重要的交通幹線，大多數中和的公車都會經過連城路。筆者小時候對省縣鄉道尚無概念，以為它至少是縣道，後來才知道是鄉道。足證此路確實有縣道水準，至少應可升級為111縣道或台3線的支線。

　　省、線、鄉道並不像高速公路一樣一條路直通到底，而是經常必須在某個紅綠燈轉彎改走另一條路，例如從台北沿著省道台3線南下，必須在板橋文化路和民權路口左轉，再右轉接中山路。

114縣道53公里的舊式里程標　　　　　　有的鄉道可以跨越兩縣，此為台北、桃園兩縣的北桃81鄉道

　　省道還經常不是從市中心貫穿而過，而是從所謂的外環道繞過市中心，使不打算進入市中心的車輛可以快速通過。例如沿著省道台1線南下，會從經國路繞過新竹市中心。想到新竹市中心的車輛就不要再繼續走台1線（經國路），而必須走中華路。

　　有些省道其實是從縣道升級而來，例如184號縣道升級後變成台28線。不過省道也可能被降級，例如花蓮縣境內的台14線東段，是把台電龍澗發電廠的聯外道路升級而來，原本打算往西連接南投縣的廬山，卻已經被解編。鄉道可能升級，例如雲51鄉道升級為154乙縣道。

一些重要的省道

　　請各位讀者準備一張台灣公路地圖與本節內容對照參閱，如此讀完本節之後，相信即可對台灣的重要省道有概略了解。幾條重要的省道如下：

🛡1 台1線

　　又稱縱貫公路，也是重要性僅次於中山高速公路的西部幹線大動脈。起自台北，和台1甲線經過三重（重新路）、新莊（中正路）、桃園、新竹、彰化、嘉義、台南、高雄等城市，終點在屏東楓港。新竹—彰化間大致延著海線鐵路而行。著名的西螺大橋以前也是台1線的一部分，於民國42年完工通車，當時號稱遠東第一長橋，長約兩公里，且是鐵公路共用的橋樑，上有台糖的小火車行駛。西螺大橋還曾經被當作民國五十年代小學國語課本的教材和十元鈔票的圖案。後來因橋面不寬而拆除鐵路，現在則因為橋齡老舊，已經禁止大型車行駛。

🛡9 🛡9甲 台9線、台9甲線

　　原本台9線的起點和終點都和台1線相同，但是卻是東部幹線的大動脈，其中台北—宜蘭段又稱北宜公路，蘇澳—花蓮段就是大名鼎鼎的蘇花公路，花蓮— 台東段又稱花東縱谷公路，台東—楓港段又稱南迴公路。不過目前它的終點已經略往北移，而不再和台1線相同，原本台9線的最後一小段現改為台26線（屏鵝公路），另外新建一高架道路做為台9線的尾端。它在台北的路段包括台北市中山南路、羅斯福路、新店北新路。

　　其中最值得一提的是蘇花公路。早年的蘇花公路是國內外難得一見的驚險路段，沿清水斷崖開闢而成，只有一條車道可通行，無法會車，因此兩端設有管制站。橫斷面呈「匸」字型，屁股下面就是萬丈深淵。伍稼青氏所撰「臺灣瑣誌」一書云：「蘇花路舊為小徑，清同治十三年福建陸路提督羅大春奉令發動兵工八百人所修闢……以濱海山勢曲折，工程殊為艱鉅，在國內各省公路中，以險陡論無逾此者。公路局對蘇花線所用司機皆具有最優良之經驗與技術，且管理甚嚴，凡輪值開車之前夕，必住宿公司，約束其行

動，使能聚精會神，得心應手。自通車以來，從未發生事故。」

　　雖然蘇花公路常因颱風、豪雨造成坍方而中斷，卻也因為驚心動魄的沿途景觀吸引了不少觀光客。以前的一元鈔票還曾經用過蘇花公路的圖案。黃得時先生著「臺灣遊記」書中提到民國五十年代尚未拓寬時，搭公路局班車從化蓮到蘇澳要六個多小時，其中停車和休息的時間就有兩個多小時，和現在不可同日而語。「有時根本看不見前面有道路，汽車好像一直朝著崖下的太平洋衝過去，等汽車忽然一個拐彎後，又出現了道路。……好像不是汽車在走，而是斷崖緊迫著汽車的身傍追趕。」現在的蘇花公路則已經拓寬，不再那麼驚險萬分，有雙向車道，當然管制站也取消了。

　　台9甲線就是烏來最重要的聯外道路，從新店經過新烏路到烏來，再到孝義。原本打算連接福山到宜蘭礁溪或員山，現已放棄興建。

③ 台3線

　　和台1線平行，從台北到屏東，但是位於內陸山區。台北地區的路段包括台北市中華路、和平西路、板橋文化路、四川路、土城中華路、中央路、三峽介壽路、中正路。之後經過台中、南投、斗六等城市。其中不少路段風光秀麗，如大湖—卓蘭之間，曾文水庫也在台3線上。此線在玉井附近有一段和台20線共線。

⑤ ⑤甲 台5線、台5甲線

　　並不長，卻是台北—基隆間的交通要道。包括台北市忠孝東路、汐止大同路、基隆南榮路。

② ②甲 台2線、台2甲線

　　又稱北部濱海公路，從淡水沿著三芝、石門、金山、萬里、基隆、瑞芳、貢寮、頭城的海岸到蘇澳。台2甲線又稱陽金公路，從台北市經過陽明山到金山。

⑪ 台11線

即花東海岸公路，經過豐濱、長濱、成功、東河，和台9線分別在海岸山脈兩側。

⑦⑦甲⑦乙 台7線、台7甲線、台7乙線

即北部橫貫公路，從大溪經過復興、巴陵、明池、棲蘭、大同、員山到宜蘭。台7甲線即中橫宜蘭支線，從棲蘭經過土場、四季、思源埡口到梨山銜接台8線。台7乙線其實是真正的北橫公路起點，從三峽大埔經過五寮和台7線交於三民。此線也是榮民開闢，年代略晚於中橫公路，於民國55年通車。

⑧ 台8線

就是當年蔣故總統經國先生帶領榮民開闢、享譽中外的中部東西橫貫公路，從東勢經過和平、谷關、德基、梨山、大禹嶺、天祥、太魯閣到新城。通常以大禹嶺作為東段和西段的分界。全長346.5公里，其中主線長192.8公里，宜蘭支線（台7甲線）長111.7公里，霧社補給線（台14甲線）長41.7公里。伍稼青先生的臺灣瑣誌一書稱：「太魯閣至天祥之二十公里間，景物之勝，不僅為大陸各省所罕有，恐亦為歐美各國所罕見。」

民國70年以前出生的讀者們或許還記得，我們的小學國語、社會、生活與倫理課本裡都曾經提到中橫公路。此線從45年7月7日開工，49年5月9日即完工（宜蘭支線於48年12月完工，霧社補給線於47年6月完工），如此浩大的工程僅費時三年十個月，確是國內公路工程史的驕傲。當時曾發行紀念郵票，而民國92年發行的第25屆榮民節紀念郵票也有榮民開闢中橫公路的圖案。完工後許多榮民仍留在當地工作，就是現在的福壽山農場、武陵農場、清境農場等知名渡假勝地。國語課本稱：「這是一條勝利之路，也是一條成功之路。」可惜九二一大地震後，谷關—德基段已經中斷多年無法修復。因當地為地質敏感區，相當脆弱不堪一擊，即使勉強修復，只要一場

豪雨或地震即可再次摧毀此路，投入大量經費卻成為無底洞，因此已放棄重建。

🛡14 🛡14甲 台14線、台14甲線

從彰化經過芬園、草屯、埔里、霧社到廬山溫泉，原本打算沿著木瓜溪到花蓮鯉魚潭，現計劃已中止。此線是埔里、日月潭、霧社最重要的聯外道路（埔霧公路），對南投縣的觀光業而言相當重要。台14甲線為中橫公路（台8線）的霧社補給線，在大禹嶺銜接中橫。因為經過清境農場和合歡山，所以也是重要的觀光道路，途中的武嶺標高3275公尺，是台灣公路的最高點。

🛡16 台16線

從名間開始貫穿南投縣中部，經過集集、水里，和台14線類似，原本打算延伸到花蓮萬榮，計畫卻未實行。

🛡18 台18線

又稱作新中橫、阿里山公路，從嘉義到阿里山、塔塔加，原本是要貫穿玉山國家公園到玉里，但是因為對於環境生態的衝擊太大而放棄。

🛡20 台20線

即南部橫貫公路，從台南經過新化、左鎮、玉井、甲仙、桃源、天池、利稻、霧鹿到海端。也是由榮民施工，而且是北中南三條橫貫公路中最晚興建者，於57年開工，61年完工。

🛡13 🛡13甲 台13線、台13甲線

又稱尖豐公路，從新竹市南端的內湖沿著山線鐵路經過竹南、苗栗、銅鑼、三義、后里到豐原。不過經過造橋的路段為台13甲線，台13線經過的是頭屋。

🛈 台19線

從彰化經過溪湖、秀水、埤頭、崙背、元長、北港、朴子、義竹、鹽水、學甲、西港到台南，又稱中央公路，在彰化縣境內的路段稱作彰水路。

🛈 台21線

據旗山鎮誌記載，民國六十年代，政府基於戰備考量，認為中山高速公路、台1線、台3線三條台灣西部的縱貫公路容易遭到敵機轟炸，因此有意興建第三條縱貫公路，此即位於山區的台21線，又稱山岳公路。從高雄林園開始，經過大樹、旗山進入高雄的山區，再經過塔塔加、日月潭、埔里到台中和平附近的天冷（事實上，原本的規劃是連接新店與鳳山，新店至天冷間尚須經過復興、尖石、五峰、泰安等山地鄉）。部分路段尚未完工。不過，由於海峽兩岸情勢轉變，加上生態保育的意識抬頭（興築此線必須穿越許多山區），已經放棄興建。

🛈 台26線

又稱屏鵝公路，從楓港到鵝鑾鼻。楓港是縱貫、南迴、屏鵝三條公路的交會點，地位重要。

此外，台15線和台17線是台灣西部的濱海公路，連接西海岸許多鄉鎮。

年長的讀者可能還記得有一條「麥克阿瑟公路」，簡稱麥帥公路。這是台灣第一條與其他道路皆成立體交叉，而且沒有平交道的公路，也就是高速公路的前身。起點在台北市南京東路，終點在基隆，於民國50年開工，53年通車，後來興建中山高速公路時，此線即被併入。

一些重要的縣道

本節簡單列出一些重要的縣道,讀者們不妨注意一下,或許就在你家附近呢!

106 106縣道

長約82公里,雖然長度只能在全台縣道排第三,車流量卻最大。此線橫貫整個大台北,起點在林口發電廠旁邊的省道台15線,經過泰山、新莊、板橋、中和、新店、木柵、深坑、石碇、平溪,終點在瑞芳(魚桀)魚坑。

114 114縣道

跨越台北和桃園,起自新屋海邊,經過中壢、八德、鶯歌、樹林至板橋。

115 115縣道

跨越桃園和新竹,起自觀音海邊,經過新屋、楊梅、新埔至芎林。

118 118縣道

起自竹北海邊,經過新埔、關西至復興,其中羅浮—馬武督段稱為羅馬公路。

122 122縣道

起自新竹市南寮漁港，經過竹東至五峰鄉的觀霧。因為經過清泉，又稱南清公路。

154 154縣道

橫貫雲林縣北部，從麥寮、崙背、二崙、西螺、莿桐到林內。

158 158甲 158、158甲縣道

橫貫雲林縣中部，經過台西、東勢、褒忠、土庫、虎尾、斗南、古坑等地。

168 168縣道

又稱嘉朴公路，從東石經過朴子、太保到水上，這是嘉義縣公車和嘉義客運朴子、布袋、塭港線的必經之路。

182 182縣道

這是台南—高雄之間的重要聯絡道路，從台南經過仁德、歸仁、關廟、龍崎到內門。

此外，彰化縣的重要公路多半會以首尾兩端的地名各取一字來命名。大致如下：

139 彰新路（彰化—新港）：139縣道

134 彰美路（彰化—和美）、和港路（和美—伸港）：134縣道

138 彰和路（彰化—和美）、和線路（和美—線西）：138縣道

138甲 西美路（線西—和美）：138甲縣道

139甲 彰草路（彰化—草港尾）：139甲縣道

142 彰鹿路（彰化—鹿港）：142縣道

137 彰員路（彰化—員林）、山腳路（八卦山腳）：137縣道

144 番花路（番社—花壇）：144甲縣道

146 大溪路（大村—溪湖）：146縣道

148 135 員鹿路（員林—鹿港）、鹿和路（鹿港—和美）：148縣道
員林—溪湖段及135縣道

143 148 二溪路（二林—溪湖）：143縣道二林—草湖段和148縣道草
湖—溪湖段

148 功湖路（王功—草湖）：148縣道王功—草湖段

143 草漢路（草湖—漢寶）：143縣道草湖—漢寶段

143 二城路（二林—大城）：143縣道二林—大城段

150 斗苑路（北斗—芳苑）、斗中路（北斗—田中）：150縣道

141 員集路（員林—集集）：141縣道

143甲 竹林路（竹塘—二林）：143甲縣道

　　另外還有鹿草路（鹿港—草港尾的台17線）和芳漢路（芳苑—漢寶的台17線）。台19線接149縣道稱為彰水路，台14線為彰南路。

Stop 2

國光客運公司
——台灣公路交通史的大功臣

國光客運連同其前身,是光復之後的台灣公路運輸史上最大功臣,加上其路線遍及全台,不屬於任何一個地區,因此專闢一章介紹之。為了敘述方便,本書所提到的任何一個地區性的市區公車或公路客運,都不包含國光公司在內,因為國光公司是全國性的。不過因為國光公司接替宜興客運行駛宜蘭地區的路線,有關宜蘭地區部分請參閱Stop 7 國光客運(宜蘭部分)。

 # 國光客運概說

　　國光客運成立於民國90年，雖然歷史不長，可是它的前身是民國69年成立的台灣汽車客運公司（簡稱台汽），擁有21年歷史，而台汽又是從民國35年成立的台灣省公路局分出，所以全部加起來，國光客運已經陪伴大家走過了近七十個年頭。一直到現在都還有許多老一輩的民眾習慣稱它為「公路局」。它的路線分布於全台灣各地，包括大城市、小鄉鎮、偏遠山地部落、濱海小漁村等，在早期自用車還不普及的年代，讓無數民眾解決了交通問題，也是大家返鄉、旅遊、通勤、通學、逛街的好朋友，對於台灣經濟奇蹟更是功不可沒。

　　當年的公路局設置台北、台中、高雄、枋寮、花蓮五個運務段，之後花蓮運務段改到蘇澳，又把五個運務段改稱為第一（基隆至頭份）、第二（頭份至西螺）、第三（西螺至屏東）、第四（屏東以南及玉里以南）、第五（坪林至玉里）五個運輸處。不過高雄南站屬於第四運輸處。

　　民國70年以前出生的讀者們可能還有印象，我們的小學課本經常會宣傳台灣是反共復國的復興基地，書上就會有一些重大工程例如十大建設的照片，有時也會提到台汽公司。例如民國70年左右的社會課本第六冊就有課文主角和父母搭乘台汽的班車到梨山渡假、又有另一篇課文的主角乘車行經高速公路的敘述。而台汽的車輛行駛於中部橫貫公路、西螺大橋、蘇花公路這些高知名度的路段的照片通常都很經典，常被拿來當做宣傳照。

　　民國90年，由於民營化的浪潮，不堪長期虧損的台汽公司終於改成了民營的國光客運。6月30日23點40分，台汽從台北西站發出末班車開往台

中，從此畫下句點。當時引起台汽工會的強烈抗爭，台北西站為了避免刺激員工，還趁著三更半夜偷偷摸摸地換下招牌。到民國96年，由於油價不斷上漲，南部地區各業者揚言停駛許多偏遠地區路線，而國光公司也在97年停駛了台東─天池這條歷史悠久、行駛南橫公路、景色壯觀的偏遠路線。早在這之前台汽就已停駛許多路線，緊鄰各地火車站的醒目的公路車站也逐漸消失，變成一間狹小店面，甚至遭到裁撤！安全堅固平穩舒適的灰狗國光號高級巴士銷聲匿跡，賓士中興號不見蹤影，會分送報紙的服務小姐也沒了。整體而言就是和台鐵的莒光號自強號一樣，過去榮耀一去不返。

　　台汽民營化時停駛許多路線，但其實，現在仍有許多客運公司的營運路線都是依賴政府補貼，台汽大可比照辦理即可而無需停駛。至於台汽釋出許多路線其實也都大可不必，例如土城以前沒有聯營公車行駛，捷運也尚不通車，當年台汽大可加入台北聯營公車，直接把三峽、建安等線班車改為聯營公車即可大做獨家生意，而無需把路線釋出給臺北客運。

公路車站的今昔

　　這裡的車站是指有站房、候車室、月台等場站設施可供停放車輛、駕駛員休息之處，並且有獨立票價者。像新竹的清大售票處僅是為便利光復路一帶的乘客而設，乘客要在人行道上候車，而且沒有獨立票價（在清大上下車和在新竹總站上下車的票價相同），所以不算本節提到的車站。代售處、售票亭也不算。

　　國光客運的車站可以分成路線的終始站（以此站為起點或終點者）和中途通過站。例如西螺站就是一個中途站，它的班車是從台北、高雄、屏東開來的。所有車站中規模最大者當然是台北站，以前又分成台北西站（往台中以南各地）、台北東站（往基隆、桃園機場）和台北北站（往苗栗以北各地和羅東）。從台北可以搭乘國光客運的班車到台灣西部除了斗六、豐原之外任何一個大城市，也是台鐵的大站：基隆、桃園、新竹、竹南、苗栗、台中、彰化、員林、嘉義、新營、台南、高雄、屏東。雲林縣境內的停靠站為西螺。也可以到南投、埔里、宜蘭，甚至阿里山、日月潭等觀光勝地。

　　不過現在國光客運的車站已經比台汽時代少得很多了，其實以前台汽也有斗六、斗南、豐原、鳳山等站，現已不存。主要是因為台汽到後期陸續釋放出許多路線的經營權給民營客運，所以裁撤了很多車站。如大甲、斗南、北港、蘇澳、楊梅、通霄、花蓮等站還可看出遺跡，可是新店、淡水、中崙、沙鹿、清水等站的站房都已經遭到拆除。還有一種情形是車站仍存，但是卻搬到一個比較狹窄的地方繼續營業（可能只是一間店面），乘客要在人行道上下車，例如桃園、新竹、中興新村、台南、台東等站。原來的站房

民國90年的台汽西螺站，現已整修為西螺轉運站，圖中車輛為當時最常見的中興號

西螺站候車室　　　　　　　　台北西站

台北東站　　　　　　　　　　台北北站

北港站舊址

蘇澳站舊址

民國91年的台汽楊梅站，已被改為新竹客運楊梅站

台汽大甲站，已被改為巨業交通大甲站，但仍可看出台汽的痕跡

台東站舊址

花蓮站舊址

台南站舊址　　　　　　　　　　　彰化舊站

曾經使用過一段時間的彰化新站，後又遷回　羅東站舊址
舊站

另作他用，如台南站、三重站變成停車場，更早的板橋站（府中路）變成便
利商店，楊梅站和新竹站改成新竹客運的車站。或是原本獨立使用的站房變
成和其他客運公司共用，例如西螺站和台北東站（現稱台北西站A棟）。板
橋站則是遷到和其他業者共用的國道客運站。台中站、高雄站、彰化站、枋
寮站則是雖仍在原地，規模卻大減，台中南站、干城站、高雄北站、高雄南
站都裁撤了。和以前一出火車站大門就可看見、又大又是獨自使用的台汽車
站比起來真是差遠了。

頭份站保存的一幅古老空襲疏散圖

頭份站的外觀

頭份站的內部

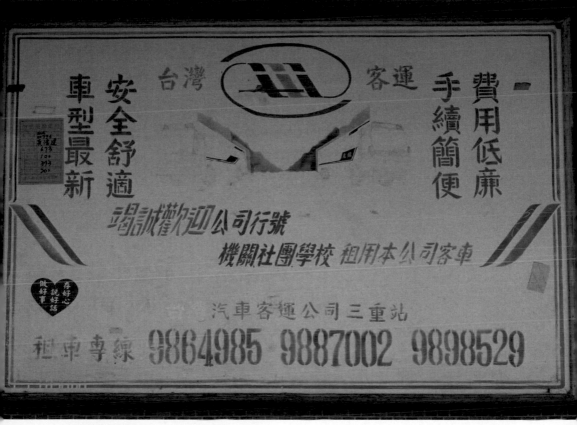
三重站的租車廣告

三重站興建於民國68年，目前已停用

板橋民族路的板橋站造型與三重站完全相同，
已拆除

民國47年落成的埔里站　　　　　民國66年落成的宜蘭站

苗栗站，現在主要由新竹客運使用　　天祥站

枋寮站　　　　　　　　　　　　　通霄站舊址

小巧可愛的中興新村站

　　通常台汽的車站都與火車站相鄰，也就是最熱鬧的市中心。不過有例外，例如以前的板橋、彰化、羅東。台汽板橋站原本和火車站都在府中路，民國71年台汽搬到民族路，變成和火車站有點距離，火車站則於88年搬到縣民大道現址，不過現在國光板橋站也遷入了火車站旁的國道客運站，民族路的站房已經拆除。台汽彰化站也是新站比舊站距離火車站更遠，後來又改回舊站營運。羅東站則於97年三月底搬遷至羅東火車站後方。

　　對於台汽車站有興趣的讀者，建議去參觀頭份站和埔里站。據頭份鎮志記載，頭份站落成於民國50年，從路上看過去是個圓形建築，月台採「日」、「月」型設計，「日」供售票及候車，「月」供長途班車乘客中途休息，造型特殊，據說當年是頭份最美麗的建築物和地標，還有人來拍電影呢！可惜隨著台汽經營規模銳減，頭份站的重要性也大不如前，搞不好哪天也會搬遷，所以要參觀的人動作要快。

 # 車輛、站牌與路線

　　早期公路局的「狗頭車」早已銷聲匿跡，它的引擎位於車頭，駕駛員坐在引擎左後，引擎蓋凸出在車頭外，看起來像狗鼻子。之後有普通車、直達車、48年出現的金馬號、59年出現的金龍號。其中金馬號是擁有電風扇、冰箱、收音機、書報、毛巾、茶水的高級車種，金龍號是公路局首度引進冷氣車。民國65年開始出現中興號，67年因應高速公路通車又出現國光號，車上有廁所，冷氣由窗邊送出，設備豪華舒適。之後金馬號、金龍號、普通車、直達車都消失，只剩下中興號和國光號至今。

　　當年政府為平衡中美貿易順差，而不惜鉅資引進美國灰狗巴士作為國光號行駛於高速公路，是國內最高級的巴士。這批灰狗巴士都是一體成型，而非一般進口大客車都只是進口底盤而車身在國內打造，後輪也比較多，因此不但乘坐平穩舒適，還相當堅固耐撞而安全，據說只差撞不贏火車而已。它的冷氣是從窗邊吹出，而非從乘客頭上往下吹，而且有暖氣，天雨時車窗不易起霧。它的行李艙很大，所以相當適合做為機場高速巴士。不過隨著車齡老舊，已經逐漸退役，加上價格昂貴又耗油，民營化後國光公司為降低成本也不再購買灰狗新車，目前主要行駛於台北—桃園機場線。（此車型於104年底退役）

　　以前的普通車、直達車有車掌小姐在車上售票並吹哨子引導司機開車，長途班車有隨車服務小姐，可是現在都看不到了。據說早期的金馬號小姐，因為待遇優厚，又頗受社會各界尊重，引起大批女性報考，競爭相當激烈，就像現在航空公司招考空姐一樣。脫穎而出的佼佼者都受到良好訓練，服裝也相當考究，簡直就像中國小姐，慕名搭車者大有人在，和後來一般人

四輛灰狗國光號並排的鏡頭已經難得一見

印象中總是擺著一張晚娘臉孔的車掌小姐大有不同。

　　中興號主要行駛省道路線和比較短的國道路線，台北—桃園機場和比較長的國道路線則由國光號行駛。不過現在的國光客運，對於中興號和國光號的區隔沒有以前明顯，寫在車身的「中興」、「國光」等大字也沒了。早期的中興號的塗裝是咖啡色線條，這種車型一直到民國85年左右都還存在，但是現已不存，和國光號都是紅白藍三色的塗裝。近年國光公司又打破傳統，出現雲豹紋和紫色的塗裝。

　　現在的國光公司的規模比台汽時代小得太多了。台汽公司的車輛總數曾經達到三千六百多輛的高峰，但是之後逐漸縮減，至國光公司成立時只剩下八百多輛，不到原來的四分之一。員工人數由74年的一萬五千多人銳減為民營化時的1670人，車站數從七十年代的七十多個銳減為29個。

　　至於路線數，早在民國60年左右，政府為了輔導民營客運業者，就陸續將一些路線釋出給其他公司經營。但是台汽公司的規模大為縮減，是在民

國八十年代以後的事。台汽的全盛時期擁有五百多條路線,至民國78年,台汽公司的營業里程有三千六百多公里,427條路線(其中高速公路路線117條,一般公路路線268條,另有一些與民營業者聯營、與台鐵聯運的路線)。可是過了幾年之後停駛了兩百多條(部分由民營公司接手),只剩下177條,而台汽結束營業時則有145條。到了國光公司成立時只剩下96條,不過由於宜興客運公司倒閉,後來又接手行駛一些宜興客運的路線。花蓮縣境內的路線更是全面停駛,目前國光客運沒有任何花蓮地區的路線,當然花蓮、玉里、天祥、和平四個車站也沒了。

所以,現在許多公路客運的路線,其實以前都是台汽公司所行駛。例如現在由台北和桃園客運聯營的台北—大溪線、淡水和基隆客運聯營的基隆—淡水線、員林客運的西螺—嘉義線、福和客運的新店—基隆線等。這些業者不但接收了台汽的路線,有的還接收了台汽的二手車,只是換了個塗裝而已。原本台汽有許多班車行駛於台北—桃園—中壢—新竹的省道台1線,現在都改由三重客運、桃園客運、中壢客運、新竹客運行駛。可是中崙—新竹、板橋—中壢、三峽—新竹等線都沒有其他公司接手。以前台汽有些同一起訖點的路線可分成經過高速公路和經過省道兩種,例如台北—桃園線即是,但是現在只剩下高速公路一種,經省道的已經改由三重、桃園客運行駛。

而在台北地區,原本聯營公車的行駛範圍比現在要小得多,土城、三峽沒有聯營公車(聯營245路只到土城清水地區),居民要往返台北都必須搭乘台汽,當時台汽在土城境內還可分成經過清水村和貨饒村兩種路線。可是現在兩地都已經變成臺北客運的地盤了,三峽、建安、大溪等站也早已消失。原本公路局也有坪林、烏來、瑞芳等站,但是現在這些地方的客運都已經改由新店客運和基隆客運經營。民國64年的中央日報副刊有一篇陳郁夫先生寫的短篇小說「心燈乍明」,被選入中副選集第十四輯,其中提到主角假日晚間從坪林搭乘公路局班車回台北,非常擁擠,而且班次密集,還會一次來兩班,他等到第五班才擠上車。從這段敘述來看,以前坪林線的公路局班車比現在的新店客運還要方便,班次與乘客都比較多,當年盛況由此可見一斑。

　　國光客運的站牌上有整條路線的主要行經地點、班距時間和票價表，但是沒有沿途詳細站名。而台汽時代的站牌只有寫出該站站名和開往地點。早期台汽的站牌做得比一般站牌來得高，而且桿子是水泥的，和現在一般的公車站牌很不一樣。

各地的台汽站牌

舊式台中大明工商站牌　新式台中大明工商站牌　國光客運站牌　　　　花蓮三棧的老站牌，還有「我愛中華」的字樣

Stop 3

台北基隆地區客運

台北公車概述

　　第一大城台北，是全台灣客運業者最為集中、路線及車輛最多之處。據台北市志記載，台北市公車成立於民國35年，當時稱台北市公用事業管理處，58年起開放民營，有欣欣客運、大有巴士、大南汽車、光華巴士四家業者。早期台北的客運業者各自經營，車票互不通用，乘客要轉乘不同公司的路線時必須另購車票，相當不便。因此，從民國66年起，實施公車聯營制度，讓乘客只購用一種車票即可搭乘任何一家公司的車輛。初期共有十家業者，除上述五業者之外，尚有臺北客運、三重市公車（後改為首都客運）、中興大業巴士、指南客運、三重客運。聯營區域則包括台北市全區及台北縣板橋、中和、永和、三重、蘆洲五個鄉鎮市。70年又實施車上可以投幣，更增便利性。

　　之後聯營範圍仍不斷擴大，又有新店客運、福和客運、基隆客運、淡水客運、新北客運、東南客運六家業者加入，而原本的十家業者也有許多非聯營的路線改為聯營體系，或將原本已是聯營的路線延長至原本沒有聯營公車行駛的地區。例如三重客運原來有約3/4的路線都不是聯營路線，現在多已加入聯營，而首都客運的聯營235路原本只到三重，後來延長到新莊。所以有很多早期沒有聯營公車行駛的地區，現在也有聯營公車。然而目前還是存在許多非聯營路線，臺北客運、三重客運、基隆客運、指南客運、福和客運五家公司最多，像指南客運5路中和─淡海（現稱1505）、基隆客運的板橋─基隆線等。

臺北市公共汽車路線圖

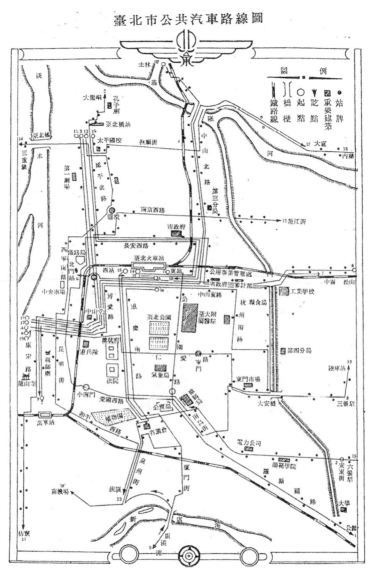

民國40年左右的台北市公共汽車路線圖，尚未開放民營。圖中的數字為路線號碼。由本圖可看出許多已經消失的東西：淡水線和新店線兩條支線鐵路、樟腦局和省議會兩個已經不存在的機關，省議會後來疏遷至台中霧峰。公館至基隆河的水道為瑠公圳，當時尚未加蓋消失。台灣省會為台北市，故也在本圖中，後遷至南投中興新村，原址改為行政院。市政府當時位於長安西路，現為台北當代藝術館。頂溪洲指現在的永和，當時為中和鄉頂溪村。
（資料來源：台北市志卷六）

此外尚有新北市公車、小型公車、捷運接駁公車、捷運先導公車、幹線公車和市民小巴，也都屬於本書所稱的聯營體系。新北市公車是由新北市政府交通局管轄，路線很多都是從公路客運改編而來，編號通常為7或8開頭的三位數，對於乘客而言，和台北市聯營公車並無不同。因為新北市公車和台北市聯營公車共用同一編號系統，乘客不必做此區別，本書仍將新北市公車稱做聯營公車。小型公車通常行駛於北投、士林、內湖、南港、木柵山區路段，可以隨招隨停，用「小」後接數字編號。本來都由公車處經營，現改為大南、首都、東南三家公司。不過有的路線的車輛其實並不「小」，例如首都客運的小18路都是用一般的大客車。

　　捷運接駁公車都以經過捷運線的代表顏色為開頭，後接數字，例如棕7路，用以服務沒有捷運線經過的地區居民，且大多數都是一段票路線。路線集中在台北市週邊地區。嚴格說來它也有台北市聯營公車和新北市區公車之分，但是因為共用同一編號系統，故無法看出區別，目前棕線接駁公車皆為台北市聯營公車，橘線接駁公車皆為新北市區公車，紅藍綠線則不一定。捷運先導公車是在預定興建捷運線的地方培養民眾搭車習慣而來的臨時性公車，例如環狀線先導公車新莊—新店。幹線公車行駛於某一主要東西向或南北向的大馬路，例如行駛於信義路的信義幹線。台北市的市民小巴則「提供社區最後一哩之運輸服務」。

　　陽明山區還有從108開始編號的休閒公車，花季和海芋季行駛多條路線。貓空也有遊園公車。內湖和南港軟體園區則有通勤專車。

　　以前的聯營公車有以下的路線編號原則：一位數、二位數代表只收一段票的路線（里程多半不到10公里），201起是兩段票路線（里程多半在10～17公里），301起代表三段票路線（里程多半超過17公里）。501起是一段票的自強公車（就是冷氣車），601起是兩段票的自強公車，環狀線用0開頭（例如以前的0南，不過現在的0南已經不再是環狀線了）。但是後來204改成只收一段票，307等六線改成只收兩段票，又因為路線不斷增加，停駛的路線也不少，已經用過但是已經停駛的路線編號不能重複使用，加上

這輛報廢車是台北市公車處早期的冷氣車

普通車已經全部消失,所以前述的編號原則已經失去意義。近年新加入聯營的路線多數用6或7開頭的三位數,新北市轄(升格前的台北縣轄)路線用7或8開頭,快速公車用9開頭(有例外,902和903就不經過快速道路),而1開頭者代表休閒公車,如陽明山的花季公車。可是一直沒有出現4開頭的三位數,倒是基隆市公車有。不知何故,二位數的號碼一直沒有超過80的(首都客運的99路不是台北市聯營公車,不過事實上,對乘客而言新北市

轄公車和台北市聯營公車沒什麼差別），而3開頭的三位數號碼頂多也只到311。

除了台汽客運的路線遍佈全省以外，大多數客運業者的營運路線都集中在某個特定地區。不過後來由於開放國道客運給民營業者，這種現象逐漸消失。台北地區亦然，早期一家公司以一個地區為地盤的情形很明顯，例如大南汽車在北投，光華巴士在士林，欣欣客運和指南客運都在木柵景美。後來捷運通車，台北的公車生態出現重大改變，聯營路線越來越多，又出現一大堆捷運接駁公車，所以就出現大南汽車跑到新店，基隆客運跑到土城，指南客運和光華巴士跑到板橋和土城，新店客運跑到板橋這些現象。

本書所謂「聯營」一詞有二義：其一就是本節所指，從66年起台北地區多家業者組成的一個大集團，其中的多數路線都是由某一家業者單獨經營，少數由兩家業者共同經營。其二則是指任何兩家以上的業者共同經營一條路線，如大都會、大有兩家公司共同經營的262路。要注意的是兩家公司可能起迄點不同，例如信義幹線，大都會只開到永春高中，而大有則開到南港國宅。

聯營公車採取分段收費方式，跨越分段點或緩衝區乘車者必須多付一段票價。緩衝區是指某一區間內的任何一站皆可作為分段點，乘客可選擇對自己最有利的方式。台北市中心偏於台北市的西南部，因此從台北市中心到西南鄰近的三重、永和地區都是一段票，反而到同為台北市的士林、北投、內湖、南港、木柵、景美要兩段票。以下列出一些台北市中心的二、三段票路線主要的分段點或緩衝區：

往中永和：果菜市場、自強市場—智光商工（到永和都是一段票）
往板橋、土城、三峽、樹林、鶯歌：北門街或後站—龍山寺、大安寮（捷運
　　　永寧站）—媽祖田、樹林後站—山佳
往三重、新莊、泰山、蘆洲：新莊國中—輔大（現已延長為五谷王廟—捷運
　　　迴龍站）、徐匯中學

往士林、北投：劍潭或陽明高中—士林

往木柵、景美、深坑、新店、石碇：公館—武功國小或滬江中學、草地尾—
　　　八分寮

往松山、南港、汐止：饒河街口—玉成國小、聯合報—捷運昆陽站

往內湖：圓山—美麗華

往淡水、八里：關渡

　　不過這只是大概情形，仍須視各路線規定，所以有時候會出現兩線公車同樣可從甲地到乙地，卻有一線只收一段票，而另一線卻要收兩段票的情形。

台北公車的特色

　　台北的公車和桃園以南地區的客運車比較起來，差異還不少，簡述如下：

　　外地的客運車路線多半是以某一個人口較多的鄉鎮為中心，對外呈放射狀，起點和終點分別為兩個人口較多的鄉鎮，例如彰化客運的彰化—鹿港線。可是台北的公車通常起訖點都是一些小地方，途中可能會經過某個大站，例如臺北客運的聯營307路以板橋國中為起點，經過台北車站到撫遠街。或以某個大站為終點，在其周邊兜一圈後折回起站，例如大都會客運270路由凌雲五村至中華路。

　　所以搭乘外地客運經常是在一個有售票處、時刻表、票價表、月台的總站購票上車，在另外一個總站下車，在起點、終點上下車的乘客比例比較高，因為起點、終點都是大站。可是台北的公車乘客絕大多數都是在中途招呼站牌上下車的，很少有人在起站就上車或坐到終點才下車。

　　搭乘外地的公路客運，通常是上車前先購票，只有在中途招呼站上車者才是上車後購票。車票多數由車上售票機用傳真紙列印，薄薄的一張，或是由司機給一張長條型的塑膠牌，上面寫著下車站。可是台北的公路客運司機卻沒有這麼做，連非聯營路線最多的基隆客運也是如此。

台北地區的客運業者，普遍歷史都不算悠久，多半是民國五十年代以後才出現的。相較於桃園以南各主要業者除了中壢客運、仁友客運、巨業交通等少數業者以外幾乎都是從日據時代就已成立，台北的業者只能算是小老弟。

聯營公車採取分段收費，短的路線不分段，較長的路線分成兩段，最多分成三段。不過101年時新北市政府違反此項原則，把好幾條長途公路客運改成新北市公車，造成四段票甚至八段票路線的出現。其實這大可不必，而且淡水地區一下子出現大量編號相當接近的公車（860～883），就像台北市政府附近有大批「松×路」一樣，反而更容易讓人混淆。長期以來台北人皆知「分段收費的公車頂多收三段票」，此一慣例不應打破。

台灣其他各地的公路客運都是上車收票或投現，如果用電子票證搭乘以里程計費則是上下車各刷卡一次。而台北公車分段收費則是：

不分段的路線一律上車或下車收一段票。

兩段票路線：分段點前上車收一段票，分段點後下車收一段票。

三段票路線：第一分段點前上車收一段票，第一分段點後至第二分段點下車收一段票，從第二分段點開始，上車收一段票並發給段號證，下車有段號證者交回段號證，無段號證者收兩段票。

不過以上只是理論，和實際情形會有差異。

正副線、區間車和直達車之分

台灣其他地方的客運車，如果有兩條路線大同小異，大概都只是用文字敘述其差異，例如台西客運的西螺—饒平—斗六和西螺—埤源—斗六。而在台北則經常有所謂的正副線和直達車，有時不稱正副線而用顏色區分，例如聯營275路就有正線和副線，926路有紅綠兩色。有時則是無正副線之

名，卻有正副線之實，例如307路在台北市行駛莒光路而另有「經西藏路」線。部分路線會在載客量比較大的路段開行區間車，和全程車通常也會用不同的顏色做區別。例如聯營236路和251路都有只行駛於深坑─公館的區間車。直達車則是把部分路段截彎取直而來，例如聯營214路的直達車就是從中和路直行永和路而不經過宜安路、中正路、福和路和竹林路。

副線的班次可能會比正線還多，有時甚至會脫離正線而單獨編號，例如聯營245路的副線改為656路。而區間車的班次可能會比全程車還多，例如聯營260路。

「台北」的定義

各家業者對「台北」的定義略有差異，三重客運集中在開封街、北門、塔城街一帶，臺北客運集中於中華路捷運西門站，新店客運和皇家客運則是青島西路。以前的台汽客運除北站、東站、西站外，尚有塔城街、貴陽街、寶慶路的乘車處。

近年來的演變

民國七十年代後期的欣欣客運普通車

　　隨著時代的演進,台北的公車出現許多變化。除第一節提到的聯營制度以外,近二十年來又有許多變遷,舉其重要者如下:

車輛的演進

　　這點和台灣其他各地相同,不限於台北地區。民國七十年代中期,台北尚有許多普通公車,其中聯營公車的部分就有大約三千輛,而同時的自強

公車只有約五百輛。反倒是中部地區的台西客運率先全面冷氣化。78年以後普通公車迅速從台北街頭銷聲匿跡，到82年，幾乎已經沒有普通車了。以前的普通公車很流行褐色玻璃，而現在不能開窗的大窗面公車滿街跑。下車鈴從拉繩式變成按鈕式，車頭路線標示牌從布製變成壓克力牌，再變成電子式的中英文字幕，字體也放大了。擴音器、站名播報器、人體工學座椅、中英雙語、低地板車、油電混合動力車、電動公車、雙節公車、三門公車當然也都是新玩意。

近年來各業者又引進不少小巴士，行駛乘客較少的路線或山區路段，省油又環保，值得推廣。目前小巴士最多的業者是臺北客運。

其實連站牌也和以往大有不同。早期的站牌多為圓形鐵牌，上面噴漆，站名經常是用手寫的，內容也比較簡單，頂多只有時刻和沿途站名，沒有廣告。後來變成長方形的，上面是印了沿途站名和時刻的貼紙。其中有一面都是廣告，通常都是徵信社或補習班最多。站名貼紙又逐漸演變成路線圖，甚至站名還有中英雙語對照。現在台北市又出現了圓筒狀的站牌，路線圖則取消，改為折線流程圖，與實際路線形狀不同，乘客無法了解車行轉彎方向。

票證電腦化和車掌的消失

這點也和台灣其他各地相同。中間有圓孔的冷氣車代幣和交由司機剪格的卡式厚紙車票早已消失，曾經有一段時間一律必須投幣。之後推出的是卡通公司的磁卡式車票，每使用一次就會在背面列印上日期和扣款金額，用完後不能加值，而且使用時比須插入讀卡機的一道細縫，反而比投幣更費時，上下車時間因而拉長。現已改成悠遊卡，只需靠近感應區即可，用完可加值，又和捷運通用，非常方便。

台北聯營公車、基隆市公車與高雄市公車的卡式車票，中央有圓孔者為自強公車專用代幣。早期卡式車票盛行時，常有人用塑膠車票套。

棋盤式公車與公車專用道的推動

　　台北市的主要道路，八十年代以後陸續出現許多公車專用道。原本是只有信義路、仁愛路等單行道出現公車專用的逆向道，之後新生南路等雙向道也有公車專用道。而為了實施棋盤式公車，台北市出現了一些沒有編號的所謂幹線公車，例如信義幹線等。又把很多交通幹線的站牌名稱改成○○××路口，例如信義路上原本有中正紀念堂、金甌女中、永康街、國際學舍、師大附中、大安區公所、信維市場、東方工商等站，後來卻改成信義林森南路口、信義杭州南路口、信義永康街口、信義新生南路口、大安森林公園、信義建國南路口、信義復興南路口、信義大安路口、信義敦化南路

口、信義安和路口等站。好處是可以知道哪一站是哪兩條路的交會處，壞處是根本不知道前往哪個機關學校該在哪站下車，這線公車經過什麼重要地標，站名難唸難記對乘客未必有利。

已停用的聯營238站牌

捷運通車的影響

這又可以分成兩點：一是捷運接駁公車和捷運先導公車的出現，如第一節所述。二是造成許多與捷運線重疊的公車路線的停駛或減班、縮短路線（反倒是有些班次稀少而未與捷運線重疊的的路線，像聯營201路始終維持營運），例如聯營259（永和—松山高商）、238（中和—圓環）、239（中和—北門）、217與269（新北投—台北車站）、新店客運的新店—淡海。聯營250（永和—後港里）雖仍存，但是班次銳減，224（天母—台北車站）路線短了一大半，變成只從天母至捷運石牌站。不過聯營310（板橋—士林）、218（新北投—萬華）、212（舊庄—青年公園）等路線雖也都與捷運重疊，卻仍屹立不搖。

儘管捷運搶走不少公車的乘客，而且近年台北幾乎每年都有新的捷運路線通車或新車站啟用，但是台北公車路線的數量卻還是不減反增。

路線號碼的改變

新出現的聯營路線當然就有新的號碼，但是也有一些既有的路線要用新的號碼。多半是因為非聯營路線加入聯營，例如三重客運的紅2（迴龍—圓環）加入聯營後改為636，福和客運3路（連城路—中華路）改成聯營628，臺北客運的三峽—台北改成聯營702；有的是把左右轉線分成兩個

號碼，例如聯營249左（南勢角─台北車站）變成670，現在的249都是右轉；有的是把副線改用另一個號碼，例如聯營245副線和青山線（少年觀護所─台北）分別改為656和657。另有一種特殊狀況，就是聯營57路（福德街─衡陽路）原本不分段，延長至新莊高中後變成兩段票路線，號碼也改為257。

快速公車的出現

隨著國道路線開放民營，所以聯營公車也有行駛高速公路或快速道路的，而且路線多是9開頭。例如聯營908（三峽─捷運景安站）行駛北二高，906（錦繡─松山機場）行駛水源快速道路，912（深坑─市政府）行駛信義快速道路。

另外，也出現一些特殊目的的公車。例如年貨公車、掃墓公車。而車掌小姐、公車售票亭的消失，也都是時代的變遷。

大都會客運
－見證台北市的成長

　　大都會客運的前身即是台北市公共汽車管理處（簡稱公車處），於93年民營化而成的公司。在目前台北地區業者當中，陪伴民眾最久，和台汽一起解決了無數市民的交通問題。不過民營化後的大都會客運只承接了一部分公車處的路線，其他許多路線都轉由其他業者經營，例如聯營204路改由首都客運行駛，297路改由東南客運接手。營業範圍較之前縮小，原本在板橋和新店的路線都已停駛或由其他業者接手。102年起和臺北客運聯營的國道路線「都會之星」上路開始營運，可以服務新店—蘇澳的乘客，這是該公司多年後重回新店地區。

　　現有四十多條營運路線，其傳統代表色為黃色，民國七十年代後期出現的「彩虹公車」和之後的車種大概也都保有黃色。其中「匈牙利公車」還因為採購弊案引起軒然大波。

大都會客運車輛

該公司的聯營260路和捷運接駁公車紅5，行駛仰德大道，是台北到陽明山最重要的交通工具。紅5其實可說是260的區間車。同樣屬於陽明山區路線的聯營230路、303路已經改由大南汽車和首都客運行駛。聯營937路是該公司第一條行駛於林口地區的路線。

　　由於經營台北市公車的歷史較久，而且實施聯營後接續使用許多原有的路線編號，因此大都會客運有許多歷史悠久的路線，路線編號始終不變。例如5路（原本的路線為頂溪洲—台北東站，後來逐漸延長）、9路（原路線萬華—台北橋）、12路（原路線光復東村—南機場）、14路（原路線菜寮—台北西站）、15路（原路線六張犁—台北西站）等，早在民國40年左右就有這些路線了。其他尚有20路、41路、46路、49路也都是台北市還是省轄市的時代就有，路線編號始終不變，而且始終由公車處、大都會客運經營的的老路線。

陽明山總站

臺北客運
－新北市首善之區的龍頭

　　前身稱做「文山輕便客運社」，成立於民國43年，51年改為臺北客運。據49年中和鄉志記載，當時已經行駛於中和鄉境內。它的主要營運地區位於台北的西南部，以板橋最為集中，鄰近的中和、永和、樹林、土城、鶯歌、三峽，甚至新店境內也有許多路線。雖然公司已從板橋遷至三重，路線仍集中在板橋，華江橋、光復橋、華翠橋、萬板橋、浮洲橋等板橋對外五大橋樑都有臺北客運班車行駛。自從台汽民營化之後，臺北客運成為三峽、土城地區最重要的大眾運輸。以前光是可從三峽到台北市中心的路線就有聯營702、703正副線、705、706、812、和桃園客運聯營的大溪—台北七種（後來702和812路線縮短，703正副線停駛）。臺北客運接收大有巴士的聯營205路之後，營運範圍又擴大到南港。

　　傳統塗裝為綠色線條，自從改用冷氣車後加上紅色細線。現在的臺北客運又成為首都客運集團的一員，因此最新型的車輛（民國96年下半年開始行駛聯營307路）採用與首都客運相同的塗裝。

　　臺北客運原本位於土城忠承路的總站規模頗大，而且擁有聯營705路、706路、275路三條路線的區間車，班次密集，號稱是區間車最多的總站。可是此站目前已裁撤，705路、706路和275副線全部改由三峽發車，聯營231路和275正線改由少年觀護所發車，231路並改成經過中和四十張而不再經過板橋後埔地區，非聯營的紅10路（土城—木柵，現稱796）原本是由板橋—木柵延伸而來，現又改回板橋—木柵。

　　臺北客運有許多特殊路線，值得一提。聯營624路的前身為非聯營的12

臺北客運車輛

路，由新店安坑經過安和路到中和南勢角，再經過中正橋、萬華到台北中華路，使新店安坑地區居民不必經過碧潭橋、北新路就可到台北。三峽─台北線分成好幾種，其中後來才加入聯營的702，從台北中華路北站開始沿著鐵路一路南下，經過萬華、板橋、樹林、山佳、鶯歌等好幾個火車站再轉往三峽。可惜已縮短為三峽─板橋。聯營706路則是把243直達車延長而來，從三峽經過土城、中和、永和到台北。243正線仍存，只是班次變少了，路線也略有變動。聯營705路和以前台汽的三峽─台北線大致相同，是把234副線延長而來，經過光復橋、土城到三峽。聯營275路和公車處的274路是把原本的309路拆成兩線，275最早是從中和經公館、基隆路、信義路至至台北車站，後來改為從三峽至公館、松山機場，曾經是聯營公車路線最長者，分成正副線。現在路線縮短成正線從土城清水發車，只剩下副線從三峽發車。聯營307路（原本和大有巴士聯營，大有遭拔線後由首都客運接替，所以現在由台北、首都聯營）則是台灣公車之王，班次最多而且路線也長，沿途人口稠密又不和捷運線重疊，所以載客量相當驚人。據說每天有七至十萬人次搭乘，有224名司機和154輛配車，號稱雙北BRT，在南京東路和萬大樹林捷運通車之前，它的年度營收可超過四億，穩坐第一名。

　　非聯營的15路（已停駛）應該是台北地區最長的非經國道的公路客運路線，從樹林經過板橋、萬華、信義路、六張犁、木柵、深坑到平溪的野

人谷。16路（木柵——平溪，現稱795）其實是15路的區間車，班次較多，和平溪線鐵路同為平溪鄉民最重要的大眾運輸。51路一天只有一班，而且時間很早，原本行駛中和的永和路和永和的永和路（請注意，兩地的永和路並不是同一條路，只是名稱相同），且曾經是中和的永和路上唯一的客運班車（現在因為華中橋西側河川地徵收而改行駛中和中山路，不再行駛中和的永和路）。雖然班次稀少，臺北客運卻不願放棄此路權，但是也不增班，早上有不少板橋高中的學生搭乘此車。行駛110號縣道的新店——三峽線（現稱779路）班次也少，卻是兩地間唯一可以不經由國道而直通的班車。新店客運只行駛於新店境內，不能到三峽境內。而三峽——熊空線（現稱807路）則是少見的全程都在同一鄉鎮市區內卻收三段票的路線。

因為政治因素，台灣各地都看不到「8路」公車，可是臺北客運卻有（非聯營），原本行駛新店——中和，後來延長至土城，現在又縮短成新店——捷運景安站。其實臺北客運原本有非聯營的3路，從板橋先繞到土城裕民路再經過中和南勢角到新店，已經和現在的8路很接近。然而目前3路已停駛，非聯營的5路（土城工業區——南勢角）和聯營275路線幾乎完全重合，又是同一公司經營，但是5路行駛至98年才停駛。

舊式臺北客運站牌

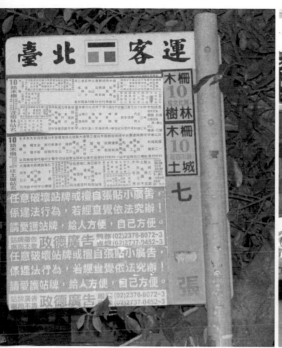

新式臺北客運站牌

消失的5路車

大有巴士
－被拔線最多次的業者

　　成立於民國58年，除了國道路線之外的路線都是聯營體系。主要營業區域在南港、松山及信義區。不過因為評鑑成績不佳、財務危機等因素，將203、205、279、284、286、307等路線轉移給其他公司經營。263也退出經營，所以以前在南港看不到臺北客運的蹤跡，現在卻有205行駛。目前公司位於土城青雲路，其實是福和客運以前1路和3路的總站。最重要的營運路線有212（又分成正線、區間車、直達車）和大都會客運聯營的262路等。

　　大有巴士曾經在蘇花公路的中興號停駛多年後推出台北—花蓮的路線，可以比搭火車更容易欣賞清水斷崖的美景，可惜後來還是停駛了。

　　傳統塗裝為藍色線條加上紅白相間的格子狀，後來變成沒有任何塗裝的金屬原色車身。也曾有紅色塗裝，現在則是橘底白線。

民國88年的台西客運車輛，使用大有巴士的二手車，由前方車輛車身中間可看出紅白格子

三重客運
－台北西區霸主

　　這是台北盆地西部（溪北地區）最重要的客運業者，成立於民國57年，主要營業區域是三重和其鄰近的新莊、蘆洲、泰山、五股、林口、八里等地，士林、陽明山、內湖、板橋地區也有數條路線。原本非聯營的路線佔了約四分之三，不過因為新莊、泰山、五股、林口、八里的路線多已加入聯營範圍，又停駛了數條公路客運，所以目前也以聯營路線居多。

　　公西←→北門與八里←→北門（後改為聯營704路）是林口與八里居民往返台北的最主要交通工具。不過自從捷運淡水線通車後，淡水客運推出八里至捷運關渡站的接駁公車，捷運蘆洲線通車後兩家業者又都推出行駛台64線的快速公車，704的重要性減低不少。其實以前林口地區還有一些偏遠路線，如往沿海的瑞平、鴻寮等線和林口─八里線，現已停駛。所以林口和八里雖然相鄰且有公路直通，卻沒有客運車直達，林口沿海的省道台15線上也缺少客運班車。

　　代表顏色為綠色，現有四十多條營運路線。三重客運從三重到台北的路線主要都是行駛重新橋或台北橋至北門，其中經中興橋的路線是到博愛路、開封街，而經台北橋者多半是到圓環、塔城街。聯營636路、638路則不到北門。

三重客運車輛

被改裝成台西客運的三重客運

舊式三重客運站牌

新式三重客運站牌

大南汽車
－北投是它的地盤

　　民國58年由行政院退除役官兵輔導委員會成立，所有路線都屬於聯營體系。主要營業地區為北投、士林，又從公車處接收了一些小型公車路線。由於捷運淡水線通車，使大南公司受到不小衝擊。主要營運路線有聯營218路、302路、223路等。

　　近年該公司出現了幾條服務新店山區社區的短程路線。傳統塗裝為綠色線條，現已改為黃色，車尾加上藍色。

大南汽車車輛

被改裝成台西客運的大南汽車

欣欣客運
－最愛國的公車

　　也是由行政院退輔會於民國58年成立，現有四十多條營運路線，集中於公館、景美、木柵、萬華、中永和等地，和大南汽車分別負責台北市南區和北區的運輸工作。東湖地區也有幾條路線。原本有台北—石碇線的公路客運，後來加入聯營改為666路，路線也縮短為從景美往返石碇。行駛106號縣道，這是石碇居民最重要的對外交通路線。

　　值得一提的是，欣欣客運原本擁有數條分成左右轉的路線，有聯營7路（東園－台北車站）、253路（木柵—台北車站）、254路（尖山腳—民生社區）、249路（南勢角—台北車站）等。可是現在卻只剩下捷運接駁公車線2。7路因為和0西路線相同而停駛，不過後來0西也已停駛。249左改為670路，253左改為671路，254左改為672路。其中253路線為少見的8字形路線。其他重要路線尚有251路、252路、236路等。

欣欣客運

傳統塗裝為藍色線條，冷氣車為藍色車身。現已改為粉紅色和淡紫色。欣欣的公車上首創設有防扒手和性騷擾用的哨子，並且播放音樂，車上張貼數張國旗，相當愛國，這是它的特色。

欣欣客運北碇線舊站牌

首都客運
－公車界的模範生

　　前身為三重市公車，後於民國65年改為首都客運。初期營運地區也是以三重、新莊為主，後來由於接收許多公車處的路線如204（東園─南松山）、303（庫倫街─平等里）、255（雙溪社區─北門）等，使營運範圍大幅擴張至士林、南港、內湖、社子、東園、大龍峒、陽明山、汐止、八里等地。其中小型公車15路（捷運劍潭站─擎天崗）被知名生態作家劉克襄先生譽為台北最美麗的公車路線。聯營235路則被作家舒國治譽為「觀看台北的最佳公車路線」。現在又因為和葛瑪蘭客運爭取到北宜高的路權而跨足宜蘭地區的客運。

　　首都客運堪稱台北公車的模範生，各項評鑑成績經常名列前矛。因此常受委託擔任一些特殊任務的公車如年貨公車、掃墓公車、花博公車等。也曾在總統就職典禮載送大會貴賓的工作。天母棒球場和捷運芝山站之間的免費接駁公車也由首都客運行駛。首都也是率先引進引進雙節公車和三門公車的業者。

傳統塗裝為黃色線條加上一些藍色，現有四十多條營運路線。其中最特別的是三峽—圓環的公路客運路線（現稱885路），原本可從三峽經過柑園、山佳、樹林、新莊、三重到圓環，可惜現已縮線至新莊。首都客運也是樹林柑園地區最重要的大眾運輸。

首都客運站牌

光華巴士
－士林天母的老字號

　　除國道路線以外的路線皆屬聯營。成立於58年，路線集中於士林和內湖，因為和中興巴士、指南客運、淡水客運、基隆客運、新北客運屬於同一集團，因此這些公司的車輛塗裝都是相同的紅白藍三色大鳥圖案，企業標誌、站牌設計也都相同（基隆客運例外）。主要營運路線有聯營220路、247路等。

　　原本的傳統塗裝為紅色線條。和指南客運對開的聯營813路（98年通車）是該公司第一條行駛於泰山、新莊、板橋、土城的路線。

中興巴士
－反攻復國大業巴士

　　原本稱做「大業巴士」，後改為中興大業巴士公司，因為是由國民黨經營，才有這麼愛國的名稱。成立於民國54年，路線集中於汐止至松山之間和中永和。聯營616路和933路分別是該公司第一條行駛於泰山新莊和木柵的路線。

　　原本的傳統塗裝是藍色線條，也有一些完全橘色的車輛。除國道路線以外，唯一的非聯營路線為板橋—瑞芳線，每日上下午各一班。路線很長，全程約需兩小時40分，經過積穗、東園、中正紀念堂、八德路再走省道北上，而且是唯一經過華中橋的公路客運。聯營304路（永和—故宮博物院，分成重慶線和承德線）是以前前往故宮博物院的遊客最常搭乘的公車。但是由於捷運通車和捷運接駁公車紅30、小型公車18、19路的出現，重要性降低不少。311路原本分為紅藍綠三種，但是紅線改號為668路，綠線改號為711路。214路和605路也都是該公司重要路線。

中興巴士車輛

指南客運
－木柵泰山淡水金三角

　　成立於民國42年，在台北算是老字號的公司。顧名思義，是以指南宮地區的路線為主，不過目前它在指南宮只有聯營530路，而且只行駛到公館，非聯營的淡海線已停駛，泰山—指南宮線變成到動物園。早期的塗裝有藍色、灰色。

　　指南客運路線集中於木柵、淡水、泰山一帶。三地之間原本有班車可以互相連結，可是現在只剩下10路樹林—淡海線（現改為聯營880）班次較多，以前的公路客運1路（泰山—指南宮，現稱1501）、紅2（淡海—指南宮或動物園）、3路（泰山—動物園，現稱1503）、5路（中和—淡海，現稱1505）班次都很多而且路線頗長（例如5路全程約需兩小時40分），現在不是停駛就是班次稀少。不過藍2路（深坑—圓環）加入聯營後改為660路，目前仍是深坑居民往返台北最重要的公車，路線可達土庫、石碇高中。有一條特殊路線為聯營679路（動物園—金龍寺），原本是公路客運6路，

指南客運車輛

後來加入聯營改為305路，但又於68年退出，改回公路客運6路，再於99年左右加入聯營，為一特殊案例。此線行駛109號縣道，雖然班次很少，卻是南港和深坑兩地間唯一直達的客運班車。該公司和光華巴士對開的聯營813路（98年通車）是該公司第一條行駛於板橋、土城的路線。重要路線尚有202、208、282等。

指南客運指南宮站

指南客運站牌

新店客運
—很會保養也很保守的業者

後來加入聯營公車的六家業者中，以新店客運的加入聯營之路線最多。新店客運當然就是以新店和鄰近的景美、公館、中和為主要營運地區，成立於民國69年，早期的聯營公車只有10路、209、252、258進入新店境內，但是只到七張一帶（到碧潭的50路班次很少），中央新村、碧潭、安坑、青潭、大崎腳的居民就必須搭乘新店客運與台汽。後來新店客運加入聯營，台汽停駛新店地區路線，加上捷運新店線通車，現在新店的對外交通運輸就是以新店客運和捷運為主。

因為加入聯營的年代較晚，而且沒有從其他聯營業者接收路線，所以新店客運的聯營路線編號最小的也有642。和大南汽車一樣，捷運也對新店

客運的營運造成很大的影響，但是安坑地區目前尚無捷運，新店客運也就增加了不少安坑地區的路線如捷運接駁綠8（台北小城－中和），也有聯營647路（大崎腳－市政府）行駛快速道路，擴大營運範圍。99年8月通車的聯營930路則是該公司第一條行駛於板橋的路線。

　　新店是台北進出烏來、坪林的門戶，台9線過了新店大崎腳之後就進入山區，到頭城、礁溪之間就是著名的北宜公路，往烏來的台9甲線也以新店為起點。公路局烏來站早已裁撤，台北－羅東經北宜公路線也已停駛，因此烏來和坪林的對外交通也就必須依靠新店客運的台北－烏來線和台北－坪林線，這也就是後來新店客運僅存的兩條公路客運路線。不過隨著北宜高速公路通車，新店客運推出聯營路線923路，行駛高速公路經過深坑的阿柔洋到新店。台北－坪林線則改成捷運接駁綠12，路線縮短成只行駛到新店捷運站，台北－烏來線則改為聯營849路，至此新店客運所有路線都已加入聯營體系。

　　新店客運有個與眾不同之處就是：很長一段時間沒有設置公司網頁。而且它很晚才向其他業者跟進，採用電子字幕的路線標示牌，即使連許多中南部業者都早已使用。甚至連採用大窗面公車的時間都比其他業者要來得晚，至今一直沒有低地板車，所以新店客運算是比較保守的業者。據說它的車輛保養良好，所以二手車頗受中南部業者歡迎。其早期的塗裝是黃色線條，後改為深淺兩種藍色。

被賣到台中的新店客運二手車，攝於復興電台外

新店客運坪林站

新店客運站牌

福和客運
－率先退出聯營的業者

　　成立於民國69年，原本名稱為「雙和客運」。據萬里鄉志記載，民國72年由當時雙和地區的省議員苗素芳改組為福和客運，81年以後成為大有巴士集團的子公司。雙和客運時代的車輛塗裝，由於筆者當時年紀幼小，只依稀記得是紅色線條，改組為福和客運之後，民國76年前後的主力車種也還保有紅色，但是好像加了藍色細線，車頭有「福和」兩個大字，另有一種全銀灰色沒有塗裝的車種。車內有「乘客的滿意，福和的願望」字樣的貼紙。之後加入大有巴士集團，塗裝就和大有巴士完全相同了。現在則是紅色塗裝。

　　以前的福和客運就是以雙和地區為主要營運區。規模不大，路線也不多，但是早期確實服務了無數雙和地區的學生和上班族，包括筆者。以前筆者搭乘福和和台北兩家公司聯營的57路（板橋—永和）通學，此路線是由臺北客運的5路和雙和客運的7路因為路線重複，合併而成，在秀山國小旁

設有總站。此外福和客運以前尚有1路（松山—連城路，又分成正副線）、2路（興南路—中華路）、3路（秀山國小—監理站），後來變成和新店客運聯營的66路（自強國小—新店），3路改為行駛連城路—台北中華路。

　　可是現在福和客運已經完全退出雙和地區，1路正副線、2路、3路加入聯營後先後停駛，變成了最早退出聯營體系的客運業者。至於57路，也早已退出和臺北客運的聯營，秀山國小的總站已經取消，所以現在的57路都是臺北客運的車開到秀山國小轉一圈又回板橋。66路和板橋—基隆線也都停駛，目前福和客運只有幾條公路客運，營業重心改為基隆。主要有台北—基隆線和從台汽接手的新店—基隆線。同樣從台汽接手而來的板橋—金山線縮短成從金山到福和橋。基隆—動物園線是該公司第一條行駛於木柵、深坑地區的路線。

舊式福和客運站牌

淡水客運
－最晚加入聯營體系的業者

　　以淡水為主要營運地區，並且擴及鄰近的八里、三芝、石門等地。台汽民營化時又接手了基隆—淡水線（與基隆客運聯營）。營運路線以省道台2線最重要，也就是濱海公路，山區路線較少。前身稱為淡水汽車運輸合作社，於66年改組為淡水客運。原本有許多公路客運路線，但已經於101年全部加入聯營。

　　據八里鄉志記載，淡水客運於民國76年開始出現八里境內的路線，之後逐漸增加，這些路線多半都會經過關渡大橋開往淡水、北投等地，服務許多八里民眾和前往八里左岸公園、十三行博物館的遊客。而捷運蘆洲線通車後，又首度出現往五股、蘆洲的路線（聯營928路），和三重客運同為八里最重要的大眾運輸。

　　台灣北部濱海的三芝、石門、金山、萬里都在台2線上，因此淡水客運和基隆客運是暢遊北海岸各景點的最佳交通工具。主要景點有：淺水灣、富貴角、白沙灣、石門洞、十八王公廟、金山老街、野柳、翡翠灣等。

基隆客運
－雄據東北角

　　這是基隆及其鄰近的金山、萬里、瑞芳、貢寮等北部、東北角濱海各地，也就是台2線沿途最重要的客運公司。光是東北角海岸就有陰陽海、鼻頭角、龍洞、鹽寮海濱公園、福隆海水浴場等景點。台汽停駛中崙—金瓜石線後也由基隆客運接駛，和基隆—金瓜石線（現稱788路）同為前往九份、金瓜石地區的最佳交通工具，可免受山路狹窄交通管制之苦。

　　前身是民國41年成立的臺北客運，但是這臺北客運不同於現在的臺北客運。現在的臺北客運以前叫做文山客運，所以這是兩家不同的公司在不同的時期用了相同的名稱。41年成立之臺北客運後於46年改名為瑞芳客運，又於49年改稱基隆客運。原本的塗裝為橘色線條，現已改成和中興巴士集團相同，但是基隆客運的公司標誌和站牌顏色卻不同於中興巴士集團另五家公司，網站也獨立。

　　該公司從基隆到瑞芳的路線有三，其中經法院、深澳坑到瑞芳、九份、金瓜石的788路班次最多，另外尚有經八堵和經八斗子兩種。捷運接駁公車只有95年通車的藍41路（雙和醫院—捷運海山站），利用中興巴士中和總站發車，這也是該公司第一條在土城境內的路線，同樣利用該站的還有光華巴士的聯營246路（果菜公司—社子）和光華、指南客運對開的的聯營813路。基隆客運並無任何路線到達台北市中心，最長的非國道路線為板橋—基隆，此線原本只行駛中和—基隆間，後來延長到板橋。

基隆客運車輛，此種車型為中興巴士集團另五家公司所無，但塗裝仍相同

早期基隆客運售票處

舊式基隆客運站牌

新式基隆客運站牌

新北客運
－從汐止鎮起家

欣和客運時代的舊站牌

　　前身為欣和客運，成立於民國56年，以汐止為主要營運區。加入聯營後，路線延伸至南港、松山一帶。捷運南港線通車後，也有接駁公車行駛於五堵—捷運昆陽站之間（藍22）以服務汐止地區民眾。車輛塗裝和中興巴士集團相同。

　　由於汐止的精華區在大同路、鐵路沿線，廣大山區缺少大眾運輸工具，因此該公司成立初期雖然僅有烘內線，地位卻很重要。

東南客運和皇家客運

　　成立於民國91年的東南客運，是目前台北地區公車業者中成立時間最晚的。路線不多，而且很多是由公車處接手而來，如聯營32路、37路、207路、297路等，以及數條小型公車路線，行駛於內湖、木柵、南港山區。

　　不過東南客運有長途國道路線，和台中市、高雄市區公車的路線，這是其他台北地區業者所無。台中地區主要路線有7路、97路、98路等；高雄地區主要有從高雄市公車處接手而來的52路、248路等。

　　皇家客運也是一家晚近成立的客運業者，成立於89年，只有一條營運路線，而且沒有加入聯營，就是從台汽接手而來的台北─陽明山─金山線，這也是後山地區最重要的大眾運輸。塗裝為紅色，類似臺西客運。

東南客運車輛

皇家客運

基隆市公車處
－目前僅有的公營大城市公車

　　基隆市是目前唯一經營市公車的省轄市。據基隆市公車處網站表示，它是在台灣光復初期接收了日據時代車輛的殘骸而成立，至今已逾一甲子。屬於基隆市政府的交通事業單位，民國41年改組成為「基隆市公共汽車管理處」。

　　路線編號有以下的原則：都是三位數，1開頭的是往東北的中正區，八斗子、祥豐街等方向；2開頭的是往東，也就是往法院的方向；3開頭的是往西北的中山區；4開頭的是往七堵、八堵；5開頭的是往安樂區；6開頭的是往暖暖；7開頭的則行駛七堵山區而不到基隆火車站。主要營運路線有103八斗子、104新豐街、201和202深美國小、301太白莊、302中山國中、402堵南里、501國家新城、602暖暖等。

傳統塗裝為白底綠色線條，類似嘉義客運，但是現有車輛多數有彩繪圖案，表現出基隆的特色。

兩種不同彩繪的基隆市公車小巴士

基隆市公車站牌

Stop 4

桃竹苗地區客運

桃竹苗也屬於北部地區，但是其營運方式已經與台北地區不同。因此，雖然
只有四家業者，仍專闢一章來加以說明。

桃園客運
－最古老的百年老店

　　歷史悠久，是一家從日據時代就有的客運公司，前身可以追溯到民國前八年的創立「桃崁輕便鐵道公司」，至今已超過一百年，而從民國36年改名為桃園客運。營運範圍涵蓋整個桃園縣和鄰近的三峽、鶯歌、林口、新莊等地，但是在平鎮、楊梅的重要性則不如新竹客運。它的營運路線當中，市區公車與公路客運兩者皆多，市區公車又分成桃園市公車與中壢市公車兩部分。此外也有與臺北客運聯營的路線。傳統塗裝為紅色線條。

　　主要車站有桃園站、中壢站、龍潭站、新屋站、觀音站、大溪站等（都是公路客運路線），和桃園、中壢兩個市區公車站。竹圍站、大園站的重要性較低。要注意的是，桃園站的搭車地點分成好幾處，並非都在桃園火車站後方的桃園客運總站上車。例如桃園—三峽線分兩種，其中班次多的（經尖山線）是在總站上車沒錯，可是經中湖的路線必須在成功路上車。

舊式桃園客運站牌　　　　　　　　　新式桃園客運站牌

　　桃園站的主要公路客運路線有：桃園—大溪、桃園—龍潭、桃園—南崁—竹圍、桃園—大園、桃園—林口、桃園—龜山—新莊、桃園—鶯歌—三峽等線。中壢站則有：中壢—大溪、中壢—新屋、中壢—觀音、中壢—大園等線（中壢—龍潭線由新竹客運經營）。上述路線的班次都很多，沒有時刻表。龍潭站有往石門水庫的路線，大溪站有行駛北橫公路往復興、巴陵的路線。從大溪行駛台3線經過三峽、土城、板橋往台北的路線係由台汽接手而來，與臺北客運聯營。大溪是台3線、台4線、台7線（北橫）三條省道的交點，還有北二高的大溪交流道，又是北橫公路的起點，進出復興鄉的門戶，交通地位重要。自從台汽大溪站裁撤後，桃園客運成為大溪、復興最重要的對外交通工具。

　　桃園客運最重要的市區公車路線有：1路（桃園—中壢），桃園市區105路（往大有路）、137路（銘傳大學）、151路、152路（同安街），中壢市區112南（逆時針方向行駛龍岡路、龍東路、中山東路的環狀線，和中壢客運的112北路相反）等。

中壢站

新屋站

大溪站

復興站

中壢市公車的舊式站牌

中壢客運
－桃園第二家公車

　　以市區公車為主，公路客運路線並不多。成立於民國68年，在桃園、中壢兩市都有數條市區公車路線。此兩地的市公車票價原本和台北同樣都是15元，但是已於96年下半年漲為18元。1路（桃園—中壢）是兩段票路線，其他都只收一段票。

　　其他重要市區路線有：桃園市區106路（往南崁）、中壢市區112北路（順時針行駛中山東路、龍東路、龍岡路的環狀線，和桃園客運的112南相反）、131路（往新屋中途的富源）等。最重要的公路客運路線為行駛台1線的中壢—新竹，但與新竹客運重複。其塗裝為橘、黃兩色線條。

中壢客運站牌

新竹客運
－北部客家地區最重要業者

　　雖然名為新竹客運，卻在桃園、苗栗境內卻也有不少路線。營運範圍包括新竹縣市全境、桃園南部的中壢、新屋、龍潭、楊梅、平鎮，苗栗縣的苗栗市、銅鑼、三義、公館、大湖、獅潭、卓蘭、後龍等地，這些地方的居民以客家族群為主（新竹縣的五峰、尖石是原住民地區），因此新竹客運是台灣北部客家地區最重要的客運公司。不過新竹—竹南、頭份、苗栗線則由苗栗客運經營。傳統塗裝為黃底紅線，現在變成白底紅綠線條。

　　新竹客運的歷史也很悠久，前身為民國8年成立的「台灣軌道株式會社」，經營鐵道運輸，一直到民國18年才開始經營汽車客運。目前的新竹總站分成兩個，分別位於新竹火車站兩端，其中南端的車站是以前台汽的新竹站。有部分班車的上車地點在民族路或中正路上。其他主要車站尚有竹東站、關西站、中壢站、中壢南站、苗栗站等，至於湖口站、龍潭站、楊梅站、下公館站（也在竹東）、大湖站、新埔站、北埔站、芎林站、新屋站、三義站的重要性較低。從新竹總站發車的主要路線可分成往東和往北兩個方向，可到達竹東、竹北、芎林、中壢（分成經新埔、關西、龍潭和經台1線的埔心、楊梅、舊湖口兩種路線）等鄉鎮。新竹往南則由苗栗客運行駛。竹東也是重要的車站，可往內灣、尖石、橫山、中壢、關西、龍潭、芎林、北埔、峨眉、五峰等地。中壢站（又分成中壢總站和中壢南站）和龍潭站有班車可達平鎮、小人國、六福村。苗栗縣境內路線則行駛台6線、台3線、台13線。

新竹客運車輛

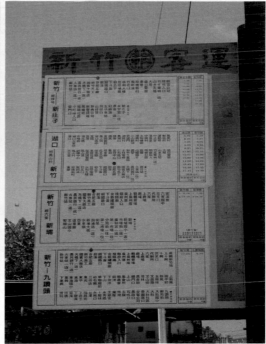

舊式新竹客運站牌，左上邊緣有裝飾　新式新竹客運站牌
物，設計頗為考究

關西站

因此新竹客運是南桃園和苗栗縣的苗栗市以南、山線鐵路以東地區最重要的客運業者,這兩地的主要業者反而不是桃園客運和苗栗客運,要去這兩地的讀者不可不知。

該公司曾經有一條路線很特別,就是行駛於118號縣道,從關西到復興的路線,這也是唯一能走完羅馬公路全線的客運班車。可惜現在已經停駛,目前只行駛於關西至金鳥樂園間。這段路俗稱「羅馬公路」(羅浮—馬武督),經過石門水庫南岸,沿途景觀不錯,開到復興的角板山公園後會休息約45分鐘再折返。而且它可以不經過大溪、三民而到達復興,而是從羅浮,也就是和大溪、三民相反的方向開往復興,而大溪和復興之間在假日很容易塞車,所以搭乘此線班車還可以免受塞車之苦。

以前新竹客運行駛的偏遠地區、山區路線也相當不少,如果仔細觀察其路線圖,會發現除了前述的關西—復興線以外,其他很多路線現在也都沒

竹東站

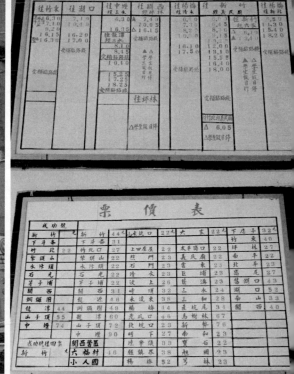

新埔站的時刻表與票價表，頗有古意

了，例如楝榔山、永安漁港、新坡、浸水、中崎林、石門水庫、阿姆坪、童
話世界、關西營區、王爺廟、八櫃、仙山、東安等線全部停駛。從新竹經過
青草湖往峨眉湖、珊珠湖的路線也是停駛，從新竹往青草湖方向的班車路線
都僅限於寶山鄉境而無法延伸到北埔、峨嵋，所以現在要到珊珠湖、北埔、
峨嵋都只能從竹東前往而不能從寶山過去。珊珠湖—獅潭線的停駛更可惜，
因為如此一來三灣—獅潭這段台3線就沒有客運車行駛了。獅潭的客運車只
剩下南下從汶水、公館繞一大圈到苗栗的班車而不能北上到三灣、頭份，相
當不方便。

　　順便一提，由以上新竹客運的停駛路線也可以看出一件事：石門水庫
週圍的旅遊熱度大為衰退。大約在民國80年以前，台灣各地有許多遊樂
園，帶給無數孩子們歡笑，石門水庫沿岸尤其集中，筆者記得以前台北的國
中小學生校外教學就是去這些地方，有亞洲樂園、童話世界、阿姆坪樂園、

龍珠灣、函谷關、仙島樂園等。可是長大之後卻發現，當年這些遊樂園竟然紛紛關門歇業，不免有些失落，新竹客運這些石門水庫週圍的路線也都停駛了。此外已變成「失樂園」的知名遊樂園還有：板橋大同水上樂園、土城南天母森林樂園、新店湖山原野樂園、三峽長城溪（臺北客運三峽—新店線有這站）、林口珍珠嶺海角樂園、台北明德樂園、新竹ㄅㄆㄇ猴園（新竹客運新竹—三峰線還有這一站）、斗六天元莊育樂中心（其實在林內）、台南悟智樂園和元寶樂園等。

新竹客運也負責行駛新竹市公車，其冷氣全票的票價早在民國80年台北還是10元的時候就已經漲到13元，83年台北漲到12元的時候新竹又漲到15元。據新竹市志記載，新竹市公車開辦於民國59年，但是卻因為政府必須先收購人力三輪車而延至61年3月1日才通車。初期票價為一元七角，且當時新竹市只有22萬人口，和現在的土城市相當，是全台行駛市區公車的都市中人口最少的。民國70年新竹升格為省轄市，把香山鄉劃入新竹市，因此又增加了一些香山地區的路線。新竹市的人口雖然逐年增加，可是新竹市公車的載客人數不增反減。民國65年的載客量統計有1713萬人次，可是到了民國85年竟然只有494萬人次。筆者有一次假日好天氣時從古奇峰（也是觀光景點）搭公車回火車站，沿途一共只有三個乘客，其中還有一個老人和一個學生。由此可知自用汽機車的普及化對大眾運輸造成很大的衝擊，還有政府提倡大眾運輸不力。從好的一面來看是國民生活水準的提高，可是從壞的一方來看，這是很浪費能源又污染環境的。

目前最重要的市公車路線有1路（火車站—竹中，行駛光復路）、15路（火車站—南寮，行駛東大路）等。原本可達青草湖的14路已經停駛，現在要去青草湖只能搭乘公路客運的新城線、三峰線、大湖村線。新城線和三峰線可達寶山鄉。17路也已停駛，現在要到古奇峰必須搭乘20路（往普天宮）。

新竹客運售票處

苗栗客運
－以頭份為中心

　　苗栗客運是新竹市與苗栗市之間，以及苗栗縣的海線地區最重要的客運公司。苗栗市以南的山線地區則以新竹客運為主。車輛塗裝為紅色與水藍色的線條。

　　據頭份鎮志記載，其前身為日據時代之展南拓植株式會社，成立於民國前三年，歷史悠久。背景和桃園客運、新竹客運類似，也是先經營軌道運輸，民國16年起再兼營汽車客運。光復後改名為「日新汽車客運社」，至民國五十年代以後才改名為苗栗客運。現有三十多條營運路線。

　　總部位於頭份，而非苗栗市。頭份位在台1線上，又是通往三灣、南庄的門戶，境內有工業區，地位重要。苗栗客運的路線全為公路客運，沒有市區公車。目前最重要的路線為新竹—苗栗線，每小時四班，其中兩班繞經

竹南，另兩班不經竹南。經竹南的兩班車又有一班經過造橋，行駛台13甲線；另一班則經過頭屋，行駛台13線。不經過竹南的班次也都經過頭屋。四班車皆經過頭份。其他如新竹—大甲線（行駛台1線）、新竹—南庄線也都經過頭份，都是一小時一班，南庄線會繞經竹南。

新竹市境內有新竹、香山兩個火車站，相距8.1公里。香山火車站的班次不多，新竹市公車在香山地區的路線班次也很少，所以香山、內湖地區和新竹市中心之間的交通工具以苗栗客運最為便捷。其路線都是沿中華路而行，班次密集。在內湖會分成台1線（直通頭份）和台13線（往竹南）兩個方向。

該公司的苗栗站設於南苗大同街，而非苗栗火車站附近，兩地間約有五分鐘車程。該站另有一重要路線是經由豐富、後龍往外埔漁港。也有經過銅鑼、通霄、苑裡再繞經舊社往大甲的路線（新竹—大甲線不經舊社）。苗栗市有個特點，一般有鐵路經過的城市都是以火車站為市中心，可是苗栗市最熱鬧的地方卻在南苗。走出苗栗火車站，只能看到空蕩蕩的圓環廣場和國光客運、新竹客運苗栗站。

頭份總站

舊式苗栗客運站牌

Stop 5

中部地區客運

中部地區包括台中市和彰化、南投、雲林三個縣。客運公司的家數僅次於台北地區，以下逐一向你介紹。

聯營車站牌

　　台中地區公車原本以台中客運、仁友客運、豐原客運、巨業交通四家公司為主，前兩者經營市區公車，後兩者經營公路客運。不過升格直轄市後，公路客運多半改為市區公車（其實台中的市區公車和公路客運本來就都是以里程計費，實在沒必要改制），另一方面，統聯客運和新成立的中台灣客運也加入台中市區公車的經營，仁友客運又將數條路線移轉給其他業者，規模大減，所以仁友客運在台中的重要性已經大不如前。

台中客運
－台中地區最大客運公司

　　前身為47年成立的「台中市公共汽車股份有限公司」，後於69年更名
為台中客運。成立之初，受台中市政府委託承辦台中市公車業務，後來開
始經營公路客運。而現在的台中市公車，並非單一業者經營，而是由台中
客運、仁友客運、巨業交通、豐原客運、統聯客運、全航客運、中台灣客
運、豐榮客運等業者各自經營數條路線，而且是按照里程收費。編號99以
下者，八公里之內全票20元，之後每一公里加收2元，使用電子票證可享優
待。投幣者不是像一般情形，一上車就投幣購票或拿牌子，而是先拿一張卡
片，下車時將卡片於機器感應，照顯示的金額投幣並將卡片交還司機。

台中客運多為綠色線條的塗裝，但在經營權轉移後，目前逐漸改為和首都客運一樣的塗裝

台中客運的營運範圍以台中市為主，擴及彰化、太平、大里、霧峰、大肚、潭子、烏日等地，主要營運路線有35路、41路、100路等。此外也有數條與其他業者聯營的公路客運路線，如與台西、彰化、員林客運聯營，行駛台3線的台中—霧峰—草屯—南投—竹山等。

舊式台中客運站牌　　　　　　　　　　新式台中客運站牌

仁友客運
－台中第二家市區公車

其車輛傳統塗裝為紅色線條，有些車種和員林客運相同

　　以經營市區公車路線為主，路線可達龍井、大肚，以前也有與其他業者聯營的公路客運路線如台中—西螺線（行駛台1線）。仁友客運最重要的搭車地點在綠川東街，筆者以前在成功嶺受訓時，都是在此搭車到嶺東商專下車再徒步到成功嶺的學田路側門。102年時，仁友客運傳出財務困難而一口氣釋出11條路線，由中台灣客運接駛1、20、25、31、37、125路，台中客運接駛29、72路，豐榮客運接駛40、48、89路。目前仁友僅保留21、30路等數條路線。

據太平市志記載，該公司成立於民國65年，是台中市第二家市區公車的經營者。當時仁友客運有7路和17路行駛太平路，從「台中小鎮」地區至台中，而目前停駛，已無任何路線經過太平境內。

仁友客運站牌

豐原客運
－擁有東亞最高巴士路線

豐原客運車輛

　　以豐原地區為中心，其前身為民國31年成立的「豐原乘合自動車株式會社」，光復後改為豐原客運。

　　最重要的車站為豐原站、台中站、東勢站與大甲站。豐原是往東勢的門戶，而東勢又是台3線和台8線（中橫公路）的交點，也是往卓蘭、梨山等地的交通要衝，地位重要。自從台鐵東勢支線拆除、台汽停駛中橫公路的路線後，豐原客運已是和平（包含谷關）、東勢、石岡三地居民最重要的對

豐原站

外交通工具。主要營運路線有：台中－潭子－豐原、豐原－東勢、谷關、卓蘭、豐原－大甲、台中－新社－東勢等。這些路線多半行駛台3線、台8線、台13線、132號縣道。而台中－豐原和豐原－東勢的班次甚密集，不用看時刻表。

其實豐原客運的大甲線、谷關線、東勢線、卓蘭線本來都可以經過豐原、潭子直通台中，可是台中升格為直轄市後，豐原客運把這些路線全部縮短至豐原，所以這些地方往返台中都只能在豐原轉車，造成很大不便（巨業交通有大甲－沙鹿－台中線，豐原客運有台中－新社－東勢線，不過和經過豐原的路線完全不同）。

原本台汽公司設有豐原站，但是已經裁撤，現在當地的經營地區性路線之業者只有豐原客運一家。其太平地區路線以太平的南部為主，太平北部的路線（中山路）則以台中客運經營。

舊式豐原客運站牌　　　　　　　　　新式豐原客運站牌

　　豐原客運最特殊的一條路線就是從台汽接手的台中－梨山線（現在縮短為豐原－梨山），一天只有一班。這條路線原本行駛台3線到東勢轉台8線（中橫公路）往梨山，但是因為中橫已經中斷多年無法通行，於是這線班車大繞路，從台8線的天冷轉台21線、133縣道往國姓鄉柑仔林再接台14線到埔里、霧社，上合歡山，通過標高3275公尺的武嶺，此處為台灣公路最高點，這線客運小巴也就成為東亞地區最高的客運車路線，也是台灣唯一能到合歡山的客運車。之後到大禹嶺接回台8線往梨山，單程需要六小時（含中途休息時間）。到梨山之後其實還沒完，因為司機要把路線牌改為梨山－武陵農場之後繼續跑武陵農場線。這線小巴有兩位司機每天輪流開上山和開下山，除了載一般乘客，載小朋友上下學，也載運許多郵件，雖然虧損卻有相當重要性。聯合報曾有專版報導，稱之為「高山上的幸福巴士」。

大甲站

東勢南站

卓蘭站

巨業交通
－服務台中海線地區

巨業交通車輛

　　這是大甲、清水、沙鹿等海線地區最重要的客運業者，於民國62年奉
准設立，總公司位於沙鹿。最重要的路線為大甲—台中線，班次密集，和以
前豐原客運的大甲—台中線不同。以前豐原客運的大甲—台中線，行駛132
號縣道、台13線、台3線（經外埔、月眉糖廠、后里、豐原、潭子，目前縮
線至豐原）；而巨業交通則行駛台1線至沙鹿後轉台12線（經過靜宜大學、
東海大學）。

　　其他路線尚有清水—梧棲—沙鹿—台中、沙鹿—彰化、往高美溼地、
鐵砧山等線。

沙鹿站

巨業交通站牌

彰化客運
－以彰化縣北區為主

　　前身為日據時代由九家客運業者合併成立的「彰化乘合自動車株式會社」，和豐原客運、員林客運都是民國31年成立的。據草屯鎮志記載，當時日本政府為管制汽車客運業，將一些小公司合併成大公司，此即這三家業者的成立背景。目前的彰化客運是彰化縣北部和南投縣西北部（南投市、草屯鎮）最重要的客運公司。至於彰化縣南部最重要的客運業者則是員林客運。請注意，南投市最重要的客運業者並非南投客運而是彰化客運。

　　主要車站有彰化、員林、南投、台中、鹿港等站，田中、伸港等站重要性較低。重要營運路線有：台中—彰化—鹿港、彰化—花壇—員林、彰化—和美—水尾、彰化—草港尾、彰化—南投（又分成四種路線，其中三種會經過草屯）等。從員林站也可前往草屯、中興新村、南投、百果山等地。彰化客運的票價時刻表上寫的「水尾」、「社口」、「鄉親寮」其實就是指伸港、芬園和中寮，外地人如果要搭車去這三地不可不知。代表顏色為黃、綠、藍三色。彰化—花壇—員林、台中—彰化—鹿港、彰化—和美—水尾三條路線的班次最多，沒有時刻表。

彰化客運車輛

南投站

田中站

彰化客運營運路線圖

舊式彰化客運站牌

新式彰化客運站牌

員林客運
－以彰化縣南區為主

　　成立時間與背景皆和豐原客運、彰化客運類似，是彰化縣南部與南投縣南部（竹山、水里、集集、鹿谷、名間、信義）最重要的客運公司。所以請注意，南投縣南部的最重要客運業者是員林客運而非南投客運。

　　現有五十多條營運路線，主要車站有員林、彰化、台中、溪湖、二林、田中、竹山、水里等。目前最重要的營運路線為從彰化（部分班次延伸至台中）行駛台19線（彰水路）先經過秀水到達溪湖，再從溪湖分兩個方向：一是繼續沿彰水路南下往埤頭、西螺；二是轉往西行，先行駛二溪路到二林，再到芳苑、王功或大城、西港。台中—西港線以前是與台汽聯營，而現在台汽已退出經營。此外尚有台中—西螺線和西螺—嘉義線，行駛台1線，經過彰化、花壇、員林、永靖、田尾、北斗、溪州、西螺、莿桐、斗南、大林、民雄等地，所以彰化—西螺線的班車有台1線和台19線兩種。

　　員林站的主要營運路線則有員林—埔心—溪湖—鹿港、員林—永靖—

塗裝為藍色線條。

員林總站

田中站

二林站的時刻表與票價表，看起來年代久遠

田尾—北斗—溪州—竹塘—二林、員林—社頭—田中—二水—竹山或集集、水里等線。由此可知，溪湖站位於彰化縣的中心，是台19線和135、146、148三條縣道的交點，交通地位重要，從溪湖搭車可以北到秀水、彰化、台中、鹿港，南到埤頭、西螺，西到二林、芳苑、大城，東到員林。

竹山站及其月台

舊式員林客運站牌　　　　　　　　新式員林客運站牌

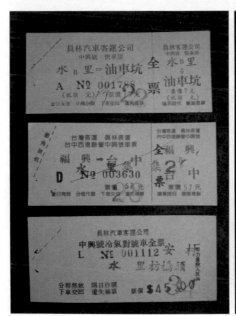

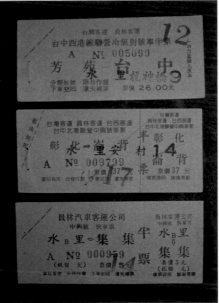

舊式員林客運車票，有的右方還印有「一切力量投入反共」的字樣

竹山站有聯營車可到台中、南投，還有往溪頭、杉林溪、鳳凰谷鳥園等旅遊路線。從水里站可達竹山、集集、信義、東埔，甚至靠近玉山和阿里山之間的神木。其中員林—水里線在二水和水里之間和台鐵集集支線是平行行駛的，而集集線火車班次較少，建議要去集集的遊客可以多加利用員林客運，換個不同的路線和交通工具，也可以換個口味，還可以節省時間或多玩一個景點。

　　順便一提，從二林到北斗的員林客運有兩種路線。如果搭二林—員林線，是行駛143甲縣道經過竹塘至溪州後轉行駛台1線到北斗，而二林—田中線則是經過埤頭，行駛150縣道到北斗。

南投客運
－南投市看不到南投客運？

　　南投縣的精華區在西部，而西北、西南部最重要客運業者分別為彰化客運和員林客運。至於南投客運，總部位於埔里，主要營業區是南投縣北部的埔里、仁愛（霧社）、國姓、和中部的魚池等地。

　　由於南投縣境內多數地區都是偏僻山區，南投客運的經營相當艱困。據草屯鎮志記載，該公司成立於民國40年，當時稱「山民客運」，光看這名稱即知它是以山地偏遠路線為主。44年改為南投客運，曾經因為不堪虧損而停業好幾次。幸虧經營者一本犧牲奉獻的服務精神，堅持提供山區民眾行的便利，照顧弱勢族群，又獲得屏東客運支援人力和車輛，才能營運至今。

　　最重要的車站為埔里，可達霧社、廬山溫泉、台中、日月潭、九族文化村、魚池、水里、草屯等地。這是很重要的風景線，值得大家多加利用。最重要的營運路線為行駛中投公路和台14線的「新埔里線」，往返台中—埔里。埔里—霧社也是重要路線，到達霧社之後又分成溫泉、廬山、翠峰、萬大、松崗幾個方向。

現在的塗裝是黃底綠線，類似屏東客運，英文簡稱NT的造型也和屏東客運的PT雷同。

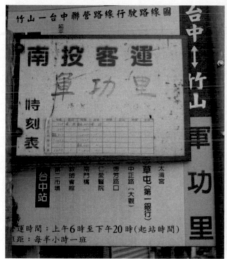

舊式南投客運站牌

新式南投客運站牌

臺西客運
－北部公車同學會？

　　台灣沒有「雲林客運」，雲林縣最重要的客運公司稱作台西客運。該公司的總部位於虎尾，而非斗六市，前身為民國16年成立的「西崙自動車株式會社」，光復後始改為現名。台西客運的車輛很早就已經冷氣化，筆者記憶中民國七十年代初期，台北的公車絕大多數仍是普通車，而台西客運卻已經擁有許多冷氣車，稱作「勝利號」。

　　現有四十多條營運路線，主要車站有斗六、西螺、虎尾、北港等，彼此之間互有班車可通。虎尾雖是總公司所在地，不過一般人最常利用的車站仍是斗六站，因為斗六是雲林縣境內第一大城市又有火車站，而台西客運斗六站就在斗六火車站後方。從斗六站搭車，主要方向有四：一是往莿桐、西螺；二是往古坑、梅山；三是往林內、竹山；四是往虎尾、土庫、元長、北港。其中竹山線與梅山線行駛省道台3線。此外的重要營運路線還有斗南─虎尾、虎尾─崙背─麥寮、虎尾─土庫─褒忠─東勢─台西─崙豐─麥寮、西螺─二崙─崙背─褒忠─元長─北港等線。以前尚有與台汽、員林客運聯營的台中─北港線，行駛台19線，而現在僅有高速公路線。原本與台汽聯營的台中─台西線也改走高速公路。

　　不過雲林縣西南部的北港、水林、四湖、口湖等地最重要的客運業者卻是嘉義客運。要前往這些地方的旅客不可不知。而台西客運在南投縣境內設有竹山站，值得一提。據竹山鎮志記載，竹山和名間之間隔著濁水溪，在台3線跨越濁水溪的大橋通車之前，進出竹山必須經過林內、斗六（沿台3線南下），因此台西客運的斗六─竹山線對於竹山鎮民而言相當重要。現在

民國90年的斗六
總站

民國97年的斗六總
站，和90年的位置
略有不同

舊西螺站，看起來
像郵局，現已搬遷

舊式台西客運站牌　　　　　新式台西客運站牌

從竹山可以搭車直達南投、草屯、台中（沿台3線北上），已經不必再經過林內了。台西客運現與台中客運、彰化客運、員林客運聯營台中—竹山線。

　　民國72年，斗六升格為縣轄市，原本政府有意開辦市區公車，可惜營運績效不佳，如曇花一現，沒多久就停駛了，相當可惜。

　　台西客運的傳統塗裝是黃底綠字，現已改為紅黃兩色，和皇家客運類似。不過台北地區的讀者，如果去雲林看到台西客運的車輛，想必都會覺得很眼熟，有種似曾相識的感覺。這是因為台西客運經常購買台北地區客運業者的二手車之故，連塗裝都沒改，只換了公司名稱的大字就上路了。其實中南部業者使用台北地區業者的二手車是很普遍的現象，例如台中客運、豐原客運、彰化客運、員林客運、屏東客運、台西客運都有臺北客運的同型車。台西客運還有大有巴士、大南汽車、三重客運、首都客運的二手車，好像是台北、大有、大南、三重、首都這幾家公司的車輛離開台北之後又到雲林再續前緣一樣。近年台西客運購進不少新車，也引進低底盤公車，所以前述情形應已不復見。

竹山站

豐榮客運、全航客運、
總達客運

　　豐榮客運的前身為57年成立於南投的振昌客運（可能和水里的集集線鐵路終點車埕站的振昌木業有關），有水里—埔里的公路客運和從仁友客運接手的台中市區公車路線40路、48路和89路。

　　總達客運成立於民國87年，最重要的營運路線為台中—水里線（又分成經中興新村、南崗、國道三種），此線於水里—名間之間大致和集集線鐵路重合，班次密集，和員林客運一樣都可以和集集線火車搭配暢遊集集鎮。集集線火車的班次較少，客運車恰好可以補其不足。

豐榮客運舊站牌

豐榮客運新站牌

豐榮客運車輛

全航客運的塗裝為黃色，以經營台中市區公車路線為主，有5路、58路（崇德幹線）
等線，也有往埔里的國道和省道路線。

全航客運站牌　　　　　　　　　　總達客運站牌

總達客運行經集集綠色隧道

統聯客運、中台灣客運

統聯客運車輛

　　統聯客運成立於民國78年，是高速公路路權開放民營後，國內第一家成立的國道客運業者。從此打破了台汽長期獨佔的國道客運市場，形成兩大龍頭競爭的局面。91年起統聯客運又展開台中市區公車的經營，目前已有十多條路線，主要有3路、50路（大里霧峰幹線）、53路、56路（五權幹線）、73路等。高雄市公車處民營化後，又接駛100路等路線，跨足高雄市公車的經營。

中台灣客運車輛

　　中台灣客運則是台中地區最新成立的公司，101年起經營台中市區公車，接手數條仁友客運的路線，逐漸在台中站有一席之地。與統聯客運為關係企業，所以塗裝相同皆為綠色。102年從仁友客運接手1、20、25、31、37、125路等六條路線。

南部地區客運

南部地區有嘉義、屏東兩個縣、嘉義市一個省轄市和台南、高雄兩個直轄市。一般人認為嘉義、台南、高雄為南台灣的三大都市，不過事實上嘉義市的人口數少於改制前的高雄縣鳳山市。以下就這些地區的業者分別介紹。

嘉義縣公車
－本島僅有的縣營公車

舊式嘉義縣公車站牌和嘉義客運站牌

新式嘉義縣公車站牌

　　嘉義縣境內最重要的客運業者有二，即公營的嘉義縣公共汽車管理處和民營的嘉義客運。嘉義縣政府是目前全台灣唯一經營汽車客運的縣政府。基隆市公車則由省轄市政府經營。嘉義縣公車處以公路客運為主，也有1路、6路、7路三條市區公車路線。

嘉義縣公車車輛，塗裝為綠色，類似統聯客運

嘉義縣公車處成立於民國42年，目前主要營運路線有：嘉義—北港、嘉義—朴子—布袋、嘉義—阿里山、嘉義—竹崎—梅山、嘉義—大林—梅山、嘉義—蒜頭—雙溪口等線。其中北港線與布袋線與嘉義客運重疊。

嘉義站

嘉義客運

—雲林西南也靠它

　　創立於民國6年，當時的名稱為「嘉義株合自動車會社」，光復後改為現名。成立之初營運業績頗佳，可是在二次大戰末期遭到盟軍轟炸，損失慘重，僅靠一些勉強可行駛的車輛艱苦支撐。經過不斷努力，才能服務無數縣民、外地訪客以迄於今。主要車站有嘉義站、朴子站和北港站。另外在台南白河、關子嶺設有車庫、候車室。最重要的營運地區即為嘉義縣市，不過在雲林縣西南部也有以北港為中心的數條路線。嘉義站的主要營運路線有嘉義

塗裝為白底綠色線條，有的還有橘色線條。

嘉義總站

白河站

新式嘉義客運站牌

—月眉—新港—北港—台西或箔子寮（都可到三條崙）、嘉義—民雄—新港
—北港、嘉義—水上—太保—朴子—布袋或塭港、嘉義—水上—鹿草—義竹
—鹽水、嘉義—澐水、嘉義—觸口、嘉義—白河—關子嶺、嘉義—民雄—溪
口—土庫等。其中台西線、箔子寮線、關子嶺線、鹽水線大致上都是每小時
一班車。朴子站是嘉義往東石、布袋的中途大站。從北港站搭車可往四湖、
台西、三條崙、水林、口湖、金湖、土庫、朴子、蒜頭等地。其中金湖雖然
位於口湖鄉，而且164號縣道從水林經過口湖到達金湖，但是金湖線的班車
卻是從水林繞經（棺）梧再轉台17線抵達金湖而不經過口湖鄉中心。此外
嘉義客運尚有幾線嘉義市區公車和往高鐵站的BRT快捷公車。

　　嘉義客運的嘉義站位在中山路上，從火車站大門往左前方走，距離火
車站約有五分鐘路程，從火車站出來只能看到左側的國光客運站和右側的嘉
義縣公車站。嘉義客運的嘉義—月眉—北港線和嘉義—布袋線其實和嘉義縣
公車相同，但是因為嘉義客運的車站並非緊鄰火車站，所以可能有些外地人
不知道利用。此外，嘉義客運的嘉義—北港線可分為經月眉和經民雄兩種，
其中經民雄再轉164號縣道到北港的路線則是嘉義縣公車所無。

　　要注意一點，嘉義客運網站裡的時刻表上有「塭港」一詞，可是沒有
「東石」，而外地人根本不會知道塭港在哪裡，更不會知道去東石要搭乘塭
港線的班車。往東石的旅客不可不知。

新營客運
－以台南北部為主

　　新營客運是台南北部與嘉義縣的義竹、布袋一帶最重要的客運公司。路線以新營為中心呈放射狀，遍及鄰近的白河、鹽水、東山、六甲、學甲等地，並有班車可達嘉義縣的義竹、朴子、布袋。義竹雖屬嘉義縣，不過事實上這兩地距離新營比較近，建議要前往義竹的乘客搭乘新營客運比較方便。

　　傳統塗裝為藍色，可是現在這種車變少了，有一段時期的新營客運沒有固定塗裝，五顏六色什麼都有。要不是因為車頭有「新營客運」四個大字，看起來就和一般遊覽車毫無差別。目前多改為「方頭獅」塗裝。營運中心車站為新營，此外尚有白河站。主要營運路線有：新營經鹽水往布袋、義竹、學甲、朴子、新營—高鐵嘉義站、新營—東山—青山、新營—菁寮老街（無米樂）—白沙屯—後壁火車站、白河—關仔嶺、白河—東山—青山等。

新營總站外觀及其售票口

舊式新營客運站牌　　　　　　　　　　　新式新營客運站牌

新營客運車輛

　　可是台南升格直轄市之後，新營客運把原本從新營經白河往三層崎、
詔安厝、關仔嶺、六重溪等路線全部縮線至白河，所以要從新營至上述地點
必須在白河轉車。目前其幹線公車有棕幹線新營─鹽水─學甲─佳里和黃幹
線白河─新營─柳營─下營─麻豆。

　　成立於民國39年，而於102年發行了一套十張的紀念明信片，並推出六種
紀念章戳和免費代寄的服務，吸引不少公車迷，這是國內客運業一大創舉。

興南客運
－以台南南部為主

興南客運成立於民國30年，前身為「興南乘合自動車株式會社」，光復後改為現名。塗裝為黃底加上藍紅兩色線條。

　　台南地區最重要的客運公司有三家，分別為興南客運、新營客運、府城客運。其實以前還有台南客運和協成客運，但是這兩家已經倒閉。興南客運經營以台南市（升格直轄市前的市區）為中心的公路客運，新營客運以新營為中心經營公路客運，高雄客運曾經接替台南客運行駛台南市區公車，現由府城客運接手。

　　最重要的車站為台南東站（現改為停靠圓環南北公車站），其他尚有佳里站、新化站、玉井站等。台南東站和南北公車站距離台南火車站最近，所以最重要，不過該站其實也只是中途站，實際的發車起點通常是安平工業區。

　　台南站最重要的營運路線有：台19線往西港、佳里，台20線往永康、新化、左鎮、玉井，台1線往鹽行、新市、善化，182縣道往仁德、歸仁、關廟、龍崎等。原本台南火車站可以直達楠西、曾文水庫、南化、岡林、學

玉井站

舊式興南客運站牌

新式興南客運站牌

甲、北門、南鯤鯓、馬沙溝、阿蓮等地,可是台南升格直轄市之後,興南客運把上述路線全部縮線至玉井、佳里、關廟,必須轉乘,和豐原客運、新營客運的情形相同。

　　興南客運曾有行駛南橫公路至甲仙、桃源、梅山口、天池的路線,可惜已停駛。目前其幹線公車有綠幹線台南─新化─玉井、藍幹線台南─西港─佳里、橘幹線佳里─麻豆─善化─大內─玉井、紅幹線台南─仁德─歸仁─關廟。

港都客運
（高雄市公車處）

高雄市公車車輛

　　這是新成立的客運公司，原本高雄市公車是由高雄市公共汽車管理處經營，也是自從台北市公車處改為民營的大都會客運後，台灣唯一的直轄市政府經營的市區公車。該處的前身可以追溯到民國26年成立的「共榮自動車株式會社」，民國31年時被當時的日本政府收歸公有，台灣光復後由國民政府接收，成立「高雄市政府公共車船管理處」，41年改名為「高雄市公共車船管理處」，93年又更名為「高雄市公共汽車管理處」。103年起民營化，改為「港都客運」。

高雄市公車火車站　　　　　　　　　　　　　　　　　　高雄市公車站牌

　　高雄的人口比台北少，所以高雄市公車的路線也比台北聯營公車來得少，公路客運仍佔了很大的重要性，不像台北市內的公路客運多半已經加入聯營而變成市區公車。營業單位也很單純，除了港都客運之外，東南客運、統聯客運和新成立的南台灣客運、義大客運、漢程客運也各自經營幾條路線。不過大體而言，高雄市公車仍算是很方便的，而且票價也便宜，台北的票價漲到15元已經很多年了，可是高雄一直都還是12元，而同時的基隆市公車為15元，桃園、中壢、台南市公車為18元，台中市公車為20元起跳。

　　它的路線通常都是從一個不是火車站的地方發車，開到火車站前的公車站，再繼續開往另一個地方或循原路折返。例如52路（建軍站—火車站，已釋出給東南客運）。傳統塗裝為紅藍兩色線條，不過也有彩繪熱帶魚的圖案。現在由於捷運通車，也開始出現捷運接駁公車的路線。主要的發車地點有建軍站、加昌站、小港站、瑞豐站、左營站、鹽埕站、前鎮站等。民營化之後只剩下加昌站、左營南站、前鎮站和小港站，目前主要營運路線有12路、69路、214路、218路等。

高雄客運和府城客運

高雄客運車輛

　　傳統塗裝為黃底紅線，是合併之前的高雄縣和台南市最重要的客運業者。前身為民國30年成立的「高雄乘合自動車株式會社」，光復後改為現名，總公司位於鳳山。以公路客運為主，但是也經營鳳山市區公車，而自從台南客運倒閉之後，又接手行駛台南市公車。102年逐漸移轉由府城客運行駛。

　　目前高雄客運最重要的營運路線即是從高雄火車站旁發車的往旗山方面的路線，又分為行駛國道十號的「高旗號」（不經過楠梓，從榮總上高速公路）和經過楠梓行駛省道的「民生號」。此外還有經過鳳山、大樹往旗山、經鳥松、澄清湖往旗山、經岡山、阿蓮往旗山等好幾種往旗山的路線。抵達旗山後又可分為兩個方向：一是行駛台28線往美濃、茂林、六龜、寶

舊式高雄客運站牌　　　　　　　　　　新式高雄客運站牌

來溫泉，二是行駛台21線往杉林、甲仙、梅山口（目前縮線至寶來）。旗山是合併前的高雄市和高雄縣東北山區之間交通的必經之路，有台3線、台21線、台28線交會。而182號縣道雖不經旗山，卻是旗山往台南的捷徑，目前有台南—旗山線行駛。

　　主要車站除高雄站之外尚有旗山南北站、美濃站、岡山站、鳳山站、甲仙站、六龜站等。茄萣站、林園站、楠梓站的重要性較低。從鳳山搭車可往大寮、林園、澄清湖、岡山、茄萣、仁武、大社等地。茄萣位於台17線上，可往台南、湖內、岡山、梓官、彌陀、左營、高雄。其中茄萣—台南線為台南市公車1路。

　　岡山是台1線上台南—高雄間的中途大站，可往台南、高雄、路竹、大湖、橋頭、燕巢、田寮等地。高雄客運從高雄往岡山的路線也分成好幾種，有經鳥松、仁武、大社、燕巢往岡山，經橋頭往岡山，經左營、橋頭往岡山，經左營、楠梓往岡山，經左營、彌陀往岡山等。

高雄總站

旗山南站，現已改為旗山轉運站

岡山站

　　高雄客運曾經有條特殊路線以前和興南客運、屏東客運聯營，就是台南—仁德—歸仁—關廟—龍崎—內門—旗山—里港—九如—屏東線，從民國65年起行駛。此路線沿著182號縣道一路東行，至內門後繼續行駛台3線南下。182號縣道是旗山、美濃往返台南的要道，其中龍崎—內門間皆是山路，風景還不錯。可惜目前只行駛於台南—里港間，路線被拆成兩段，必須在旗山轉車。

　　台南市公車有十多條路線，可達市區各主要景點如：赤崁樓、安平古堡、億載金城、鹽田文化村、鹿耳門等地，目前每段票價為18元。

　　府城客運是102年新成立的客運公司。高雄客運雖然代駛台南市公車十年，但因為名稱不夠「在地」，容易引起誤解，於是高雄客運另外成立一子公司，命名為「府城客運」，以接手行駛台南市公車（省轄市時代的台南市區）為目標。

六龜站是難得一見的木造客運車站

台南市公車站牌

# 南台灣客運、義大客運和漢程客運

　　這是三家新成立的公司，看南台灣客運的標誌設計即知它和屏東客運、南投客運有關。96年成立之初取得了許多捷運接駁公車的路權，103年又接手行駛數條高雄市公車處民營化釋出的路線，主要有3路、28路、301路等。塗裝為白底紅花。

　　義大客運則是為義大世界和義大醫院的週邊交通而於99年成立，可往返高鐵左營站、旗山、佛光山等地，代表色為紫色。

　　漢程客運則是因應高雄市公車處民營化而於102年11月成立，接手數條市公車路線，主要集中在金獅湖一帶，有168路、0南、0北環狀線等，也有捷運接駁公車紅35路。這家公司還在假日推出雄寶貝「正妹車掌」隨車導覽，也是一大創舉。

屏東客運

傳統塗裝為黃底綠線，類似以前的台西客運。

　　成立於民國20年，前身稱作「屏東乘合汽車合資會社」，光復後改為現名，是屏東縣最重要的客運公司，目前擁有七十多條營運路線。部分路線位於高雄東北山區。

　　主要車站有屏東站、東港站、里港站、潮州站和恆春轉運站等。主要營運路線有：屏東—九如—里港—高樹或美濃、屏東—萬丹—東港（分成經烏龍村和鹽埔村）、屏東—麟洛—內埔—萬巒—潮州、屏東—麟洛—內埔—竹田—潮州、屏東—萬丹—潮州、屏東—三地門、屏東—鹽埔等線。其中屏東—萬丹—潮州線可繼續開往萬巒、來義、泰武、新埤等地。從潮州也有班車抵達東港。以前還有和高雄客運、興南客運聯營的從屏東經過里港、旗山往台南的路線。

　　屏東縣最重要的觀光景點為墾丁國家公園，國光客運、高雄客運、屏東客運、中南客運四家公司的高雄—墾丁線（目前已不聯營），班次密集，

屏東總站

臺北客運的二手車，車頭的臺北客運標誌仍在

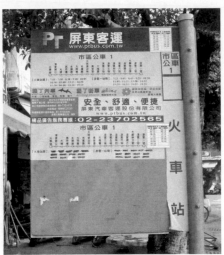

舊式屏東客運站牌   新式屏東客運站牌

而且24小時全天發車。此路線從高雄沿台17線南下，經過小港、林園、東港、林邊到達枋寮，再繼續沿台1線南下至楓港後接台26線（俗稱屏鵝公路）到車城、恆春、墾丁，車程約三小時。另外有一種經過台88線快速道路的路線，班次較少而且不是24小時發車，不過可以省下約半小時。台17線的終點在枋寮附近的水底寮，這也是台17線和台1線的交點。而台1線和台9線的終點、台26線的起點都在楓港，這雖然只是個小地方，卻是重要的交通樞紐。簡單說，屏東市位於高雄市的東北方而非南方，從高雄市南下至恆春必須走台17線，從屏東市南下至恆春必須走台1線，兩者在水底寮會合，而台1線、台17線、台26線三條省道呈一Y字型。

　　屏東客運另外還有一種觀光路線稱「墾丁街車」，分成藍、綠、橘、黃四條路線，可達海洋生物博物館、南灣、鵝鑾鼻、貓鼻頭、佳樂水，四重溪等景點，值得利用。

　　屏東市的人口較少，市區公車只有三條路線，全票23元。

Stop 7

東部地區客運

東部地區包括宜蘭、花蓮、台東三個縣，沒有省轄市也沒有直轄市。人口稀少，即使三個縣轄市宜蘭市、花蓮市、台東市的人口也只有十多萬，比升格前的台北縣任何一個縣轄市還少。東部的交通建設一向落後於西部，也只有三家主要客運公司分別負擔三個縣的運輸重任，而103年才又成立了兩家新公司。

國光客運（宜蘭部分）

　　原本宜蘭縣最重要的客運公司為宜興客運，但是該公司已倒閉。目前由國光公司接手行駛，繼續服務宜蘭縣民。宜興客運停駛時，國光客運立刻調派人員、車輛代駛宜興客運的路線，成為宜蘭地區唯一、也是最重要的客運業者，也解決了縣民的交通問題。可是這家擁有多項完善設備的老字號公司，爭取北宜高路權時竟然輸給只有一個籌備處而沒有任何營運實績的葛瑪蘭客運，使國光公司忿忿不平。

　　宜蘭縣內最重要的交通幹線為台2線與台9線，主要市鎮即沿台9線分布，最大的市鎮為宜蘭市與羅東鎮。原本台汽尚有蘇澳站、南方澳售票處，但是已裁撤。而目前最重要的營運路線是頭城—礁溪—宜蘭—羅東—冬山—蘇澳—南方澳線。從宜蘭搭車還可到雙溪、大福、龍潭、圳頭、內城等地。從羅東搭車可往天送埤。

　　有兩條特殊路線值得一提。台北—羅東線原本有山線（行駛台2線）和海線（行駛台9線）兩種，可是現在只剩下海線。搭乘此線班車可以比搭火車更能欣賞東北角海岸景觀，因為火車路線是從八堵、瑞芳、侯硐挖隧道穿山而行，而國光公司的班車從基隆開始就一路沿著海岸奔馳，經過八斗子、陰陽海、鼻頭角、龍洞、鹽寮、福隆海水浴場、三貂角等地。上述景點之中，鐵路只經過福隆。這條路線乘客本來就少，因為要去宜蘭的旅客幾乎都是搭火車，而北宜高速公路通車、葛瑪蘭客運和首都客運上路之後更沒人願意搭乘國光客運的羅東線，大家都趕時間而未能欣賞美景，非常可惜。其實高速公路的沿途景觀豈能和濱海公路相提並論，就是因為此路線沿途風景

武陵農場候車亭

好、乘客少，更應該鼓勵大家搭乘。何況之前國光公司爭取北宜高的路權失敗，非常不滿，打算停駛此線。其實這是唯一行駛東北角海岸全程的公路客運，萬一不幸停駛就真的太可惜了。

另一特殊路線是從宜蘭或羅東行駛台7甲線（中橫宜蘭支線）到梨山的路線。此線一路沿著蘭陽溪上行，經過三星或大同、樓蘭、土場、四季、思源埡口，此即蘭陽溪和大甲溪的分水嶺。之後又經過武陵農場到梨山。雖然班次少，卻是一條重要的風景路線。

花蓮客運
－巴士造型的客運總站

花蓮客運花蓮站，設計成該公司巴士造型

　　花蓮客運的主要營運地區是花蓮縣，也就是該縣最重要的客運公司，成立於民國47年。由於台汽停駛了花蓮縣境內所有的路線，因此花蓮縣的公路交通就由花蓮客運負責。

　　花蓮號稱台灣的後花園，好山好水一向是國內旅遊的重點。尤其太魯閣峽谷、清水斷崖更是聞名中外。中部橫貫公路是國內公路工程史上的驕傲，其工程最艱鉅的部分，亦即精華所在也在花蓮境內，蘇花公路沿著清水斷崖而行，其雄偉壯觀的沿途風光則是中國大陸各省所無。早期的蘇花公路

也是一條黃金路線，可是北迴鐵路通車之後，蘇花公路的客運業績一落千丈，現已無客運班車行駛。目前花蓮境內最重要的公路幹線為台9線（北段為蘇花公路，南段為花東縱谷公路），主要鄉鎮都在台9線上。此外台8線（中橫公路）、台11線（花東海岸公路）也都是重要幹道。

花蓮客運的路線可分為南線（台9線南下往鳳林、萬榮、光復、瑞穗、玉里、富里）、北線（台9線北上往崇德、新城、亞泥新城廠、太魯閣）、海線（台11線往豐濱、靜浦、長濱、成功、東河、台東）、南支線（台9丙線往壽豐、銅門、鯉魚潭、池南森林遊樂區）。此外還有一線票價22元的市公車和一條往花蓮港的路線。從富里可繼續南下往池上、關山、鹿野、台東。

左：舊式花蓮客運站牌，和舊式的臺北客運站牌類似
右：新式花蓮客運站牌，輪胎鋼圈的底座頗具古早味

花蓮客運新塗裝的車輛

鼎東客運
－山線海線一邊一國？

　　台灣有臺北客運、台中客運、台南客運、台西客運，就是沒有台東客運。因為台東縣境內最重要的客運公司稱作「鼎東客運」。據關山鎮志記載，該公司前身為民國59年成立的興東客運和60年成立的安榮客運，於66年合併而成。因為成立年代較晚（不像西部許多客運公司都是從日據時代就已存在），台東縣的公路交通有很長一段時間都是依靠公路局的班車。例如關山地區就是直到鼎東客運成立後才有民營客運行駛，而台汽於73年裁撤關山站。

　　台東縣最重要的省道也是台9線，過了台東市繼續南下的路段稱為南迴公路，終點在屏東楓港。此外台11線貫穿東北沿海各鄉鎮，也是東海岸國家風景區內的幹線，台20線即南橫公路，從高雄桃源的天池進入向陽森林遊樂區而到達台東縣境，終點在台鐵海端車站附近。

　　台鐵台東站原本位於台東市中心的鬧區，可是後來台鐵莫名其妙地把此站裁撤，而把卑南站先改為台東新站，再於裁撤台東市中心車站的同時把台東新站改稱台東站。所以目前的台東火車站其實是以前的卑南站，距離台東市中心還很遠，以前的普通列車要走十分鐘，中途還有個馬蘭站，大概就像現在從板橋到台北。所以鼎東客運有火車站到市區的路線。

　　鼎東客運有個特別之處是它分成所謂的山線和海線，感覺像兩家不同的公司。山線的主要路線有：市區—火車站、台東—關山—池上—富里或利稻、台東—安朔、台東—太麻里—大武、台東—森林遊樂區等線。其中的利稻線是國光客運停駛台東—天池線後唯一行駛於南橫公路東段的客運車，可

鼎東客運山線總站

鼎東客運海線總站

鼎東客運站牌

惜利稻─天池間已無班車行駛。海線的主要路線有：台東─東河─成功─長
濱─靜浦─豐濱─花蓮、市區─火車站或機場，還有利家、岩灣、康樂、東
河農場等線。

其中經台11線往花蓮的途中有許多知名景點：小野柳、杉原海水浴
場、水往上流、三仙台、石雨傘、八仙洞、磯崎海水浴場等。

不過行駛南迴公路往高雄的路線目前仍由國光客運經營中。據成功鎮
志記載，民國六十年代，有許多阿美族的青年到高雄從事漁業，當時公路局
甚至還有凌晨零時從成功開往高雄的班車。不過隨著自用車的普及和南迴鐵
路通車，現在搭乘這條路線班車的人也很少了。

太魯閣客運和普悠瑪客運

　　這是兩家103年最新成立的客運公司，其中太魯閣客運都是低地板電動公車，行駛花蓮車站—東華大學線。分兩段票收費，每段23元。

　　普悠瑪客運則是因應花東線鐵路電氣化完工，前往台東的遊客增加而新成立的業者，也是台東市第一次推出市區公車。其經營路線有二，一為市區觀光順時針循環線，另一為陸海空快捷線，行駛於台東機場—台東火車站—富岡漁港—小野柳之間。兩線可以在森林公園互轉，也採分段收費，每段票價25元。

Stop 8

客運車旅遊

搭乘公車火車旅行，是最輕鬆、省錢又深入的方式。都會地區讀者可以先從市區公車開始，再把範圍擴大到公路客運。例如台北市，有數百條聯營公車路線可供挑選，選一兩條感興趣的路線搭完全程，花幾十元就有人開車載你逛台北兩三小時，不是很有趣的玩法嗎？

　　筆者個人也是先從市區公車開始再擴大到公路客運，小時候對於公路客運尤其感興趣，因為市區公車多半路線較短而且只在市區行駛，公路客運則路線較長，還會開到很多沒聽過的偏遠地方。小時候的筆者就對這些地方充滿好奇，希望能去探險，長大後就把範圍擴大到外縣市去了。火車公車互相搭配就是台灣走透透的最佳方式！

　　很多人都是藉由客運車才第一次到達，或第一次聽說過某個地名。例如筆者就是因為新竹客運之故，才知道八五山、黃泥塘、珊珠湖。因為臺北客運才知道熊空、白雞。其實台灣有很多很有趣的小地方，我們可以利用客運車逐一造訪，這也是客運車旅遊的樂趣。

 # 鄉鎮巴士

F239行經106縣道的起點—林口發電廠

　　很多鄉鎮市公所都有免費巴士可以乘坐，例如桃園、中壢、平鎮、蘆竹、龜山、新竹縣市、虎尾、蘇澳都有免費小巴，而目前免費公車最龐大的體系就在新北市。免費巴士的起源大約在民國89年，捷運通車後中和市公所為了服務市民，推出兩線免費的捷運接駁公車，其路線行經許多沒有一般公車行駛的道路，例如中和平地的新生街和山區的橫路里。而台北縣其他各鄉鎮市也都紛紛推出免費公車，例如永和有五線捷運接駁公車，土城則有四線假日休閒公車服務山區居民和登山遊客。台北縣升格後，新北市政府整合

各鄉鎮巴士，稱為「新北市新巴士」，規模龐大，不輸一般客運公司。汐止、林口地區路線最多。

　　新北市新巴士的路線編號都是F開頭加上三位數字，F代表free免費。第一位數字代表地區，其中1：淡水、八里、三芝、石門，2：新莊、泰山、五股、林口，3：三重、蘆洲，5：中和、永和、板橋，6：三峽、鶯歌、樹林、土城，7：新店、深坑、石碇、坪林、烏來，8：平溪、瑞芳、雙溪、貢寮，9：汐止、萬里、金山。整併後的路線可以跨越以前的鄉鎮市界，其中有的路線頗長，比許多一般的公車客運路線還長，例如F811從貢寮的澳底到雙溪的灣潭單程就要一個半小時車程（在鄉村一小時車程的路線可能比市區兩小時車程的路線還長）。有的路線甚至還可以跨境到台北市，例如F223五股—台北車站。

　　這些免費公車的旅遊功能也不小，例如F823可從平溪經過雙溪到福隆，一般客運車無與其平行的路線，搭火車繞經三貂嶺轉車也麻煩，免費巴士的出現提供遊客許多便利。

　　所以要出門遊玩之前，除了查詢客運公司網頁之外，也可以看看當地的鄉鎮市公所，或許也有免費巴士可供利用。

台灣好行

　　民國99年起，交通部觀光局和各地客運業者合作，推出名為「台灣好行」的觀光景點接駁公車，每條路線都可經過火車站或捷運、高鐵站，並採用統一的站牌和車輛塗裝以便識別。在各地旅遊服務中心都可以索取相關摺頁。

　　這些路線有的是新開闢的，例如嘉義客運的鹽鄉濱海線，也有些是將固有的路線升級而來，例如臺北客運的木柵—平溪線（795路），假日增班即成為台灣好行。還有的是和固有的路線並行，例如苗栗客運的竹南—南庄線。收費方式有分段收費也有依里程計費。如果買一日券，可以當日不限次數搭乘，但是持一日券不能搭乘和它重疊的公路客運路線，例如持苗栗客運南庄線的台灣好行一日券不能用來搭乘新竹、竹南—南庄的公路客運班車。

　　購買一日券甚至有可能比全程的單程票還便宜，例如鹽鄉濱海線的單程全程高鐵嘉義站—七股鹽山要248元，而一日券卻只要150元！台灣好行經常會和其他單位合作推出一些優惠措施以吸引民眾搭乘，例如持鹽鄉濱海線的一日券可以買團體票參觀台灣鹽博物館，並且獲贈一杯咖啡、已貼郵票的紀念明信片和博物館戳章收集冊，真的是物超所值非常划算。但是要注意一點，有時買了一日券會影響到行程的機動便利性，例如竹南—頭份—南庄線的台灣好行一日券雖然票價也很便宜，但是班次較少，約一小時一班，而苗栗客運的一般公路客運班車大約二十分鐘一班，所以必須衡量票價和班次問題後再決定是否購買一日券。

 # 客運車旅遊心得

　　搭客運車旅遊其實沒有一般人想像的困難。現在各客運業者都有網站，上網即可查到時刻表（時刻表主要有路線別和車站別兩種）甚至路線圖等資訊，更詳細的甚至還有沿途站牌位置。而且根據筆者的經驗，都還滿準的。有的客運公司時刻表甚至還會把中途大站的時刻也列出而不只是起站，例如新營客運的新營—朴子線就還列出途中經過義竹、鹽水的時間。有一次筆者搭興南客運安平工業區—南鯤鯓線去北門，在家裡先上網查出安平工業區和南鯤鯓兩地的開車時間讓心裡有個底，到車站再看車站的時刻表，果然不差。筆者事先已知道安平工業區到台南車站要十分鐘，而南鯤鯓到北門很近，於是預估南鯤鯓的開車時間加三分就是北門往台南的開車時間，結果到北門去看到當地的站牌已經寫出北門開車時間，是南鯤鯓的時間加五分。再加上智慧手機，這樣要規劃行程就很方便了。

　　多數客運公司網站的時刻表都是以路線別來區分，要查哪一條路線就點選哪一條路線。大多數客運公司網站都有路線圖，不過有些路線圖只是簡圖，或是把所有路線的簡圖合併成一張大圖，都只能看出主要經過地點而看不出沿途站名。

　　至於站牌也比以前進步多了，例如台西客運的站牌以前只有斗大的站名兩三個字，現在變成有路線圖和時刻表。不少鄉下地方的客運班次其實很多，甚至沒有時刻表，例如桃園客運的中壢—新屋、中壢—觀音、桃園—大溪，彰化客運的鹿港線、員林線都是如此。很多有時刻表的路線也很好等，例如從台南要去西港可搭往佳里的綠幹線，從彰化要去溪湖糖廠坐小火車可

以搭往溪湖、西螺（要台19線的，台1線不行）、二林、王功、西港的員林客運。從新竹往香山、竹南、頭份的苗栗客運和從嘉義到新港、北港的嘉義客運、嘉義縣公車班次都很密集，屏東─東港線的屏東客運和高雄往枋寮、墾丁的車也都很方便，何困難之有？

而且懂得利用客運車可讓行程更有機動性也更豐富，例如去南投坐集集線小火車，如果只坐火車，因為班次少所以不方便，可是如果懂得搭總達客運或員林客運的水里線，可以讓你多玩一兩個地方。

不過一定要記得提早到站候車，因為有的車可能會提前偷跑（尤其是開到終點就立即折返的回程車）。還有看票價表也要注意，有時同樣從甲地到乙地會有兩個不同票價，因為經過的路線不同。

又，現在各地客運業者很流行「轉運站」，就是兩家以上的業者共用一個車站，乍看之下好像轉乘比較方便，其實未必，因為這些轉運站很多都是在後火車站而非前站，比較偏僻也比較遠，可能要多走一大段路而且外地人會很難找到（通常一下火車都是跟著人潮從前站出來，不會走到後站）。例如嘉義、員林、宜蘭都是如此，和以前一出火車站大門立刻就可看到醒目的台汽車站比起來實在差太多了。而且其實也不是所有客運公司都在轉運站搭車，例如員林轉運站有彰化客運、國光客運、統聯客運，但是員林客運仍是自己的專用車站。

搭客運車遊省道

　　如果要深入了解台灣各地風貌而非走馬看花，但是又不想太累，最好的方法就是搭乘台鐵各站皆停的慢車或是一般公路的客運車慢慢晃。高鐵、自強號和國道客運只是快速，但是無法仔細欣賞沿途景觀、小鎮風情等。所以強烈建議讀者，先搭乘快車或高速公路客運到達較遠的大城市，再改搭慢車或一般公路客運車。

　　許多一般公路客運都是沿著省道縣道而行，經過數個鄉鎮，提供了觀察這些鄉鎮風貌的絕佳方式。本節提供一些重要的省道客運車路線，請分段執行，視個人和車班狀況可以任選一個出發點和轉車點，也可以南下或北上。總之就是請找出最適合自己的方式，搭車走遍這些省道和縣道。如果直達的班次少，也可以拆成兩段分段搭乘。

　　但是要先聲明，這些客運車的路線也不是完全行駛某條省道縣道，而是如果省道或縣道是外環道，繞過市中心，客運車就會捨棄外環道而開進市中心。因為市中心都是精華地帶，上下車的人多，客運車以服務乘客為重當然要走市中心。當然這樣對旅遊者也好，因為市中心才能代表當地最真實的面貌，值得遊逛之處當然比外環道多。又，基於同樣理由，如果省縣道有新舊線之分，請走舊線勿走新線。因為舊線會貫穿市區而新線是外環道，例如省道台1線（新線，又稱二省道）在新莊是走中山路，台1甲線（舊台1線）是中正路，此時要選中正路而非中山路。舊線有其在地方發展史上的歷史意義，中正路是新莊最重要的交通幹道，貫穿市中心，公車也都走中正路，所以要以舊線為主。汐止的舊台5線（大同路，現為台5甲線）和新台5線（新

台五路）、土城中央路（舊台3線）和中華路（新台3線）亦然，既然公車幾乎都是走大同路和中央路，而且這就是具有歷史意義的省道舊線，就不必再費心去找行駛新線外環道的公車了。

② ②甲 台2線、台2甲線

建議台北地區的讀者從台2線入門，因為里程不長且離台北最近所以難度最低。關渡—淡水有多線公車行駛，淡水—基隆有淡水／基隆客運（如果在金山轉車班次更多），基隆—福隆有基隆客運班車，在福隆轉宜蘭—雙溪的國光客運。亦可從台北搭乘台北—羅東的國光客運再轉車至南方澳。此線極具觀光價值，因為它包含了北海岸與東北角所有的觀光景點，有白沙灣、富貴角、十八王公廟、金山老街、野柳、和平島、八斗子、陰陽海、南雅奇岩、鼻頭角、福隆海水浴場。如果和行駛台2甲線（陽金公路）的皇家客運搭配，有山有海，是個極佳的環圈。

④ 台4線

搭乘桃園客運桃園—竹圍、桃園—大溪及大溪—坪林三線班車即可全線踏破，里程不長而且全線都在桃園境內，桃園地區讀者可由此線入門。途中可以順遊大溪老街。

⑥ 台6線

搭乘新竹客運後龍—苗栗和苗栗—大湖、卓蘭、獅潭的班車至汶水即可。里程不長而且全線都在苗栗境內，苗栗地區讀者可由此線入門。主要景點有汶水老街、出礦坑中油陳列館。注意苗栗客運也有班車可從後龍至苗栗，不過是經過豐富，而非行駛台6線。

⑫ 台12線

除了橫貫公路之外，橫向的省道里程都不長，所以很適合新手，此線

適合台中地區的讀者，搭乘巨業交通的清水—梧棲—台中線班車即可。

1 台1線

　　台北—新莊、迴龍和新莊、迴龍—桃園之間公車班次密集，但是也有台北—桃園的三重／桃園客運。桃園—中壢有市區公車1路班次頻繁，中壢—新竹有中壢客運和新竹客運行駛（但是新竹客運另有中壢經龍潭、關西、新埔到新竹的路線，不要搭錯）。新竹—大甲的苗栗客運一小時一班，大甲—台中的巨業客運班次很多，坐到沙鹿再轉乘往彰化的巨業客運。彰化—西螺的班車有經台1線（員林）和台19線（溪湖）兩種，都是員林客運，不要搭錯。彰化—西螺可以拆成彰化—員林（彰化客運）和員林—西螺（員林客運）兩段，班次較多。

　　西螺—嘉義有員林客運，接著難度較高，嘉義—新營—新中的嘉義客運一天只有三班，而且根據筆者親身經驗，此線班車極難搭乘，建議放棄。新營—嘉義線的新營客運和新營—台南的興南客運不幸停駛，所以建議先從嘉義搭乘往朴子、布袋、塭港的嘉義客運或嘉義縣公車至水上，班次很多，再步行約半小時至南靖火車站搭乘新營—高鐵嘉義站的新營客運（一小時一班）至新營。新營—台南只能勉強利用黃1、黃2、橘5、橘12而不能直通。台南—高雄的高雄客運一天只有六班。高雄—屏東無法直達，只能搭高雄—鳳山—林園和屏東—楠梓—捷運都會公園兩線班車在鳳山轉車。屏東—枋寮可搭國光客運，枋寮—楓港可搭往恆春的國光客運或屏東客運。

3 台3線

　　台北—大溪可在貴陽街搭乘台北／桃園客運。大溪—龍潭不能直通，必須先搭大溪—桃園的桃園客運到崎頂轉龍潭—桃園的桃園客運。龍潭—竹東有中壢—竹東的新竹客運，竹東—珊珠湖也是新竹客運行駛。珊珠湖—三灣有苗栗客運南庄線，但是三灣—獅潭這段很可惜，客運班車已停駛，只能改從苗栗搭乘新竹客運經過汶水至獅潭，而汶水—大湖—卓蘭也有新竹客運

班車。卓蘭—東勢—豐原和豐原—台中則有豐原客運班車。台中—竹山線由台中、彰化、員林、台西四家公司聯營。

竹山—斗六和斗六—梅山都由台西客運行駛，斗六—梅山線有經崙豐和東和兩種，前者才是行駛台3線。梅山—竹崎—嘉義有嘉義縣公車，但是竹崎—中埔間無客運班車行駛，只能在嘉義轉往人埔、嘉義農場的縣公車。此線一天只有兩班，而大埔—玉井的興南客運一天只有三班，故此段難度最高。接著是玉井—南化的興南客運、旗山—南化、旗山—里港的高雄客運，在里港轉屏東客運到終點屏東。

9 台9線

北宜公路的坪林—頭城段和蘇花公路（蘇澳—崇德）很可惜台汽客運班車皆已停駛。台北—新店間公車很多，不過直行台9線者很少，建議在公保大樓搭乘聯營648路較佳，它是一路沿中山南路、羅斯福路、北新路直行，不像烏來線會繞到中興路或644路會繞到中央新村。唯一缺點是648只到碧潭橋頭，必須走一站路到新店捷運站，轉捷運接駁綠12行駛北宜公路前段到坪林。頭城—蘇澳間為國光客運行駛，崇德、新城—花蓮可搭花蓮—天祥、梨山、崇德的花蓮客運。花蓮以南則是花蓮—光復—富里和富里—台東的花蓮客運，會經過台東新站（富里—台東也有鼎東客運）。南迴公路則有高雄—台東的國光客運班車。

11 台11線

建議東部地區讀者由此線入門，搭乘花蓮—成功的花蓮客運班車至成功，轉乘靜浦、成功往台東的鼎東客運即可。成功—台東另有台灣好行可利用。花蓮客運也有班車行駛台11線從花蓮至台東，不過一大只有一班而且不經台東新站。此線也頗有觀光價值，磯崎灣、石梯坪、靜浦北回歸線標誌、八仙洞、石雨傘、三仙台、水往上流都在這裡。

⑬ 台13線

搭乘新竹―竹南―苗栗的苗栗客運至苗栗（有的班次經過造橋是行駛台13甲線，經頭屋、大坪的班次才是台13線），轉苗栗―三義、三義―三櫃、三櫃―后里國中的新竹客運。后里―豐原間有大甲―豐原的豐原客運，班次甚多。

⑲ 台19線

因為埤頭―崙背無客運班車行駛，只能從彰化搭乘經溪湖往西螺的員林客運至西螺轉車。接著搭乘西螺―北港的台西客運、北港―朴子的嘉義客運、朴子―新營的新營客運在鹽水轉乘新營―佳里的棕幹線新營客運、台南―佳里的藍幹線興南客運。

⑭ 台14線

中部地區讀者可從此線入門，從彰化搭乘經芬園、草屯往南投的彰化客運至草屯，轉搭台中―埔里的南投／台中客運聯營線（省道線，不經國道六號者）至埔里，班次密集。埔里―霧社、廬山、翠峰也是南投客運行駛。

⑦ 台7線

自從台汽停駛許多路線之後，北中南三條橫貫公路皆無法以客運車遊遍。北橫東段只能從宜蘭搭乘國光客運往梨山、太平山、南山村的班車至棲蘭。西段則可以從桃園、中壢、大溪搭乘往巴陵、林班口的桃園客運。中壢客運也有桃園―林班口線。北橫公路景點也不少，有大溪老街、慈湖和頭寮陵寢、角板山公園、羅浮雙橋等。可和慈湖線、小烏來線的台灣好行搭配利用。

🛡8 台8線

　　台汽的台中—梨山線班車早已停駛，又，因為中橫已中斷多年，豐原客運雖然有豐原—梨山線的班車，但是一天只有一班而且不是行駛台8線，而是繞經埔里、霧社行駛台14甲線。建議搭乘豐原—谷關的豐原客運班車遊覽中橫西段（如在東勢轉車班次更多），至於東段則有花蓮—梨山的花蓮客運（一天一班）和花蓮—天祥的班車可以利用。

🛡20 台20線

　　以前搭乘興南客運的台南—天池線和台汽的台東—天池線即可將台20線全線踏破，可惜這兩線班車皆已停駛。興南客運台南—桃源、梅山口線也停駛，連甲仙都到不了，所以現在南橫西段只能先從台南搭興南客運至玉井，再轉車到甲仙。甲仙—梅山口有高雄客運行駛，但是因為風災路況不佳故縮線至桃源。梅山口—利稻目前無客運車，利稻—台東則有鼎東客運班車。南部地區讀者可由此線西段入門。

附錄

1 已消失的客運公司

弘道里的海山客運站牌，勉強可看出「山客運」、「農×口」等字。目前該地和五寮、鹿母潭、添福里都只有新北市新巴士行駛。

　　有幾家客運公司，以前也曾經負擔某一地區的運輸重任，後來卻因為不堪虧損而宣布歇業或與其他公司合併。以下介紹四家已經消失的客運公司。

海山客運

　　據三峽鎮志記載，原本三峽地區有一家「海山客運」，經營三峽—白雞、添福、安坑、茶場、弘道里、有木、竹崙、三民、樂樂谷等數條路線，

該公司是由民國50年就有的三峽汽車運輸合作社讓售於臺北客運而成立的，先於63年改名為「三峽客運」，再於66年改為「海山客運」。現已不存，路線皆併入臺北客運。

宜興客運

這是原本宜蘭地區最重要的客運業者。不是「宜蘭客運」而是「宜興客運」。車頭有紅黃兩色的塗裝。民國93年因為勞資糾紛引發罷工事件，最後倒閉。歇業後路線由國光客運接手。

宜興客運站牌

協成客運

原本台南地區的主要客運業者當中還有一家協成客運。據官田鄉志記載，該公司以麻豆為中心，營運範圍包括鄰近的新營、下營、隆田、善化、佳里、將軍、烏山頭等地。之後由興南客運接手。

協成客運站牌

台南客運

也是以前台南地區的主要業者，成立於民國18年，塗裝為白底紅黃線條。營運路線包括公路客運與台南市公車。主要的公路客運路線有：台南—西港—麻豆、台南—鹽行

台南客運站牌

—新市—善化、台南—大灣—新化、台南—仁德—歸仁—關廟—龍崎等線。市區公車以2路（安平工業區—崑山工專）最重要。民國92年倒閉，之後公路客運路線由興南客運接駛，而市區公車則由高雄客運接駛。

而據台南市志記載，台南客運和興南客運之間，還曾經發生長達十多年的路線經營權之爭。經過大致如下：民國60年以前的台南市安南區，缺少市公車路線，必須依靠興南客運的公路客運往返市中心。而民國61年，台南市政府順應安南區的民意要求，核准台南客運的市公車路線延伸至安南區，因此興南客運認為路權受到侵害，台南市政府的行政處分違法，遂提起行政救濟。

可是興南客運提出的訴願（主張該公司在安南區擁有獨家經營權）遭駁回，之後行政訴訟也敗訴，確定安南區可由台南客運行駛市公車。不過市政府一時之間也並未立刻核准台南客運在安南區的路線申請，省交通處甚至還要求市政府應督促興南客運增開班次。最後興南客運終於讓步，64年起，由台南客運在安南區全面行駛市公車，而省公路局為補償興南客運，將新營—曾文水庫、南鯤鯓—高雄兩條長途路線開放為公路局與興南客運聯營。

過了沒多久的民國65年，市公車經營權爭議再起。這次是興南客運企圖成為台南市的第二家市公車經營者，一口氣提出申請14條市公車路線的申請案。雖然一度得到市政府的核准，卻遭到省政府駁回。而省政府後來又同意台南市增加第二家市公車業者，惟必須在半年期限內完成籌備。經過展延半年後，興南客運仍無法如期開辦市公車，另一方面台南客運也提出訴願，反對增加第二家市公車業者，而且此一訴願成功。興南客運不服，再度提起行政救濟，訴願及行政訴訟皆遭駁回，於是台南市公車由台南客運經營的局面始告完全確定。

2 客運車攝影要訣

　　研究客運車當然免不了要拍照。攝影也是保存文化財的重要方式之一。事實上，雖然台北公車滿街跑，可是要替公車拍出一張好照片卻絕非易事。尤其是拍得越多，標準自然就會提高，要求越來越嚴格，結果就會越來越覺得一張好照片的難能可貴。筆者常看到一些喜歡公車的同好架設的網站，裡面有許多照片其實都不盡理想，而本書的照片雖已力求完善，卻仍難免有些缺點無法盡如人意。加上筆者住在台北，去南部縣市的機會不多，要挑出理想的南部客運照片更不容易。

　　要拍出好照片，器材、技術、運氣、耐心、體力五大要素缺一不可。有時好不容易找到了想拍的車型，也找到一個好的拍攝地點，距離、角度均佳，卻好死不死剛好從旁邊衝出一輛機車破壞了大好的畫面，令人扼腕。

　　除了一般性的攝影技巧之外，在此提供一些建議給讀者參考：

 盡量在晴天時拍攝。替公車攝影當然必是戶外，而戶外攝影本來就是在好天氣之下拍攝結果較佳。行駛中的車輛容易造成畫面模糊，如果天氣不好，又必須開大光圈、用慢速快門，而開大光圈會造成景深變小，用慢速快門當然也容易造成畫面模糊。所以最好在晴天，用小光圈和高速快門來避免畫面模糊。

為了避免干擾駕駛員，不要開閃光燈。

為了清楚看出車身原貌，最好不要拍那種車廂外廣告大得蓋住車窗的車輛。

至於拍攝地點，最好是在常有公車經過的十字路口，路必須夠寬（兩條路都是雙向行駛，一個方向至少有兩條車道）而且中間沒有安全島。如此可以拍攝東西南北四個方向的來車，轉彎時還可拍下不同角度，被紅燈擋下時可以有充裕時間進行拍攝，沒有安全島就不會被行道樹、路燈桿擋住車身。公車的體積較大，所以路必須夠寬才能有較長的拍攝距離讓車身完全進入畫面。本書車輛照片以車身左側佔多數，原因即在於車輛皆靠右行駛，攝影者位於車輛右方時，容易與車輛距離過近而不易拍出理想照片。

盡量不要在車身被其他車輛或上下車的乘客擋住時拍攝。

拍攝時最好和車頭成45度角，若夾角太小就只能看清楚車頭而無法看清車身，夾角太大就相反。

同一車輛，最好從左前方和右後方各拍一張（當然右前方和左後方亦可），如此可以看到車輛的四個面。可惜一般人都只重視車頭而忽略車尾。當然車頭比車尾重要，可是都不拍車尾其實也不好，畢竟車尾也是車輛的一部分。

替車站拍照，當然要多拍幾個不同位置的，最好連時刻表、票價表、售票口、候車室、月台也拍，而不要只拍站房大門。

如果不知怎樣拍才好，就不妨用亂槍打鳥法，反正拍幾十張照片當
中總會有幾張能看的。

 拍攝站牌時，盡量避免拍廣告面積很大的。站名字體以清晰為
佳，需注意是否髒污。

3 公車路線手冊與路線圖

公車路線手冊對於自己沒有交通工具的台北人而言相當重要，大致上有官方版和民間版兩大類。長期以來政府主管機關印製並贈送給民眾的就是官方版的路線手冊，目前有台北市公車聯營管理委員會和新北市政府交通局兩種版本，而後者又可再細分為「新北市區公車及臺北市聯營公車乘車資訊手冊」、「新北市區公車及捷運轉乘公車乘車資訊手冊」和「新北市區公車及臺北都會區公路客運公車乘車資訊手冊」三種。這三者的共同點是一定都有新北市公車（通常是800開頭的路線），差異就是在於一種是加上台北聯營公車（所以這個最厚也最重要），一種是加上捷運接駁公車，一種是加上公路客運。

但是一般民眾根本搞不清楚台北市聯營公車和新北市公車有何區別，所以拿到新北市公車加上捷運接駁公車或公路客運的路線手冊的民眾可能會覺得奇怪，為何有264卻沒有265，有275卻沒有274？這就是因為265和274都不是新北市公車而是台北市聯營公車。台北市的版本只有一種，比較單純，而且把捷運接駁公車也納入，但是台北市的版本就比較好嗎？

倒也未必。台北公車的站牌近年來都把原本的路線圖取消，拉直變成流程圖，無法顯示出行車經過路口的左右轉方向。台北市公車聯營管理委員會甚至還撈過界，把行經台北市但不屬於聯營體系的公路客運站牌也都改成和聯營公車相同形式（其實公路客運畢竟和市區公車不太一樣，站牌應有所區別），又規定車廂內的路線圖也都要拉成直線式。而新北市方面則無此規定，所以搭乘臺北客運或首都客運的新北市公車路線時注意看一下，它們的

以前和現在官方印贈的公車路線手冊。

車廂內路線圖都還是照地圖上的實際路線形狀繪製的呢！還可以看到河流，有的網友稱之為地圖式路線圖。

　　站牌路線圖就會影響到路線手冊的路線圖。台北市版本目前都是直線流程圖而非真正路線圖，簡化得過了頭，新北市版本才是真正路線圖。但是台北市版本還有站名索引，這是新北市版本所無，所以當然還是兩種版本都有最好。

　　官方版的路線手冊可以在捷運站或區公所索取。新北市的路線手冊每年三種版本各發行一次，每次印發十萬本，要收集全套三本必須密切注意相關訊息。台北市也是印製十萬本。這些手冊是印刷業者拉廣告支付印刷成本，所以政府不出錢，但是因為目前智慧手機普及，1999市民熱線也可以查詢路線，印刷業者廣告業績不佳無利可圖，再加上環保人士質疑不符節能減碳，所以這些官方版路線手冊可能走入歷史。

　　民間版的路線手冊則可以在書店或便利商店買到。如果保存了許多不同年度的公車手冊，就等於詳細記錄了台北公車路線的演進史，很有紀念性呢！所以別一拿到新版就扔掉舊版唷！目前有公車路線手冊的只有台北，台南市則有六大幹線公車及其支線的路線時刻折頁，期待以後也能看到台中和高雄的路線手冊。

參考資料

臺灣汽車客運公司之營運沿革：林栭顯，臺灣省文獻委員會，88年6月。

臺灣鐵路管理局所屬車站之沿革：林栭顯，國史館臺灣文獻館，95年7月。

臺灣交通專輯：臺灣省政府交通處，74年10月25日。

臺灣省交通建設：臺灣省政府交通處，76年10月25日。

臺灣省交通建設：臺灣省政府交通處，79年。

臺灣交通回顧與展望：臺灣省政府交通處，87年10月30日。

公路局四十年：臺灣省公路局，75年8月。

公路局52年專刊：臺灣省公路局，88年6月30日。

中華公路史：周一士，臺灣商務印書館，73年。

公路整體規劃：臺灣地區公路建設整體發展計畫構想芻議：胡美璜，68年。

台北市志卷六經濟志交通篇：台北市文獻委員會，77年。

中和鄉志：中和鄉志編纂委員會，49年。

中和市志：中華綜合發展研究院應用史學研究所，中和市公所，87年7月。

中和市志：中華綜合發展研究院應用史學研究所，94年7月。

中和發展史：中和發展史編纂委員會，中和市公所，78年。

永和市志：永和市公所，75年。

永和市志：中華綜合發展研究院應用史學研究所，永和市公所，94年。

新店市志：中華綜合發展研究院應用史學研究所，新店市公所，95年。

板橋市志：盛清沂，板橋市公所，77年。

板橋市志續編：板橋市志編輯委員會：板橋市公所，86年。

三重市志：三重市志編纂委員會，三重市公所，85年。

八里鄉志：完整版，八里鄉公所，95年。

石碇鄉志：石碇鄉公所，90年。

深坑鄉志：深坑鄉公所，86年。

坪林鄉志：坪林鄉公所，91年。

瑞芳鎮誌交通篇：瑞芳鎮公所，91年。

三峽鎮鎮志：三峽鎮公所，82年。

萬里鄉志：萬里鄉公所，86年。

五股志：五股鄉公所，86年。

楊梅鎮志：楊梅鎮公所，79年。

大溪鎮志：大溪鎮公所，93年。

新竹市志：新竹市政府，85年。

續修新竹市志：新竹市文化局，94年。

頭份鎮志：頭份鎮志編纂委員會，頭份鎮公所，91年。

苗栗市誌：苗栗市公所，94年。

豐原市志：豐原市公所，75年。

沙鹿鎮志：沙鹿鎮公所，83年。

梧棲鎮志：梧棲鎮公所，94年。

太平市志：太平市公所，95年。

員林鎮志：員林鎮志編輯委員會，員林鎮公所，79年。

北斗鎮志：北斗鎮公所，86年。

集集鎮志：集集鎮公所，87年。

草屯鎮志：草屯鎮志編纂委員會編，75年。

續修草屯鎮志：草屯鎮公所，94年。

斗六市志：斗六市公所，95年。

西螺鎮志：西螺鎮公所，89年。

北港鎮志：北港鎮公所，78年。

嘉義市志經濟志：嘉義市政府，94年。

新營市志：新營市志編纂委員會出版，新營市公所，86年。

官田鄉志：官田鄉公所，91年。

旗山鎮誌：旗山鎮公所，95年。

美濃鎮誌：美濃鎮公所，85年。

關山鎮志：關山鎮公所，91年。

池上鄉志：池上鄉公所，90年。

成功鎮志經濟篇：成功鎮公所，92年。

雲林縣志稿：雲林縣文獻委員會，雲林縣政府，66年。

雲林縣發展史：雲林縣政府，86年。

臺灣瑣誌：伍稼青，臺灣商務印書館，77年12月。

臺灣遊記：黃得時，臺灣商務印書館，62年。

中央日報、聯合報、聯合晚報、中國時報、中時晚報相關新聞。

各年度各種版本公車路線手冊。

各客運業者網頁。

維基百科網站。

釀生活5　PE0083

 時光客運
　　——一趟懷舊與知性的公車之旅

作　　者	楊浩民
責任編輯	李冠慶
圖文排版	楊家齊
封面設計	蔡瑋筠

出版策劃	釀出版
製作發行	秀威資訊科技股份有限公司
	114 台北市內湖區瑞光路76巷65號1樓
	電話：+886-2-2796-3638　傳真：+886-2-2796-1377
	服務信箱：service@showwe.com.tw
	http://www.showwe.com.tw
郵政劃撥	19563868　戶名：秀威資訊科技股份有限公司
展售門市	國家書店【松江門市】
	104 台北市中山區松江路209號1樓
	電話：+886-2-2518-0207　傳真：+886-2-2518-0778
網路訂購	秀威網路書店：http://www.bodbooks.com.tw
	國家網路書店：http://www.govbooks.com.tw
法律顧問	毛國樑　律師
總 經 銷	聯合發行股份有限公司
	231新北市新店區寶橋路235巷6弄6號4F
	電話：+886-2-2917-8022　傳真：+886-2-2915-6275

出版日期	2015年12月　BOD一版
定　　價	380元

國家圖書館出版品預行編目

時光客運：一趟懷舊與知性的公車之旅 / 楊浩民著.
-- 一版. -- 臺北市：釀出版, 2015.12
　　面；　公分. -- (釀生活；5)
BOD版
ISBN 978-986-5716-68-4(平裝)

1. 客運　2. 交通史　3. 臺灣

557.345　　　　　　　　　　　　104025042

讀者回函卡

感謝您購買本書，為提升服務品質，請填妥以下資料，將讀者回函卡直接寄回或傳真本公司，收到您的寶貴意見後，我們會收藏記錄及檢討，謝謝！
如您需要了解本公司最新出版書目、購書優惠或企劃活動，歡迎您上網查詢或下載相關資料：http:// www.showwe.com.tw

您購買的書名：_____

出生日期：_____年_____月_____日

學歷：□高中 (含) 以下　　□大專　　□研究所 (含) 以上

職業：□製造業　□金融業　□資訊業　□軍警　□傳播業　□自由業
　　　□服務業　□公務員　□教職　　□學生　□家管　　□其它_____

購書地點：□網路書店　□實體書店　□書展　□郵購　□贈閱　□其他

您從何得知本書的消息？

　　□網路書店　□實體書店　□網路搜尋　□電子報　□書訊　□雜誌

　　□傳播媒體　□親友推薦　□網站推薦　□部落格　□其他_____

您對本書的評價：（請填代號　1.非常滿意　2.滿意　3.尚可　4.再改進）

　　封面設計____　版面編排____　內容____　文／譯筆____　價格____

讀完書後您覺得：

　　□很有收穫　□有收穫　□收穫不多　□沒收穫

對我們的建議：_____

_____

_____

_____

11466
台北市內湖區瑞光路 76 巷 65 號 1 樓

秀威資訊科技股份有限公司　　　收

BOD 數位出版事業部

....

（請沿線對折寄回，謝謝！）

姓　　名：＿＿＿＿＿＿＿＿＿＿　年齡：＿＿＿＿　性別：□女　□男

郵遞區號：□□□□□

地　　址：＿＿＿＿＿＿＿＿＿＿＿＿＿＿＿＿＿＿＿＿＿＿＿＿

聯絡電話：(日) ＿＿＿＿＿＿＿＿＿＿＿　(夜) ＿＿＿＿＿＿＿＿＿＿＿

E-mail：＿＿＿＿＿＿＿＿＿＿＿＿＿＿＿＿＿＿＿＿＿＿＿